OHSAMA BUNKO

ちょっとだけ・こっそり・素早く

「言い返す」技術

ゆうきゆう

三笠書房

人づきあいには、この〝賢さ〟が必要です！……はじめに

「右の頬《ほほ》を叩かれたら、左の頬を差し出しなさい」という言葉をご存じでしょうか。相手に攻撃されても決して怒らず、許し、相手の気のすむままにしなさい、という意味です。また「ならぬ堪忍するが堪忍」ということわざもあります。

普通なら堪忍できないところで、あえて堪忍をする。それこそが、本当の堪忍だという意味です。


これらが実践できる人は、いったいどのくらい、いるのでしょうか。

少なくとも、僕にはできません。

たとえば、心を傷つける悪口や皮肉、そして叱責《しっせき》。

こういう言葉を投げかけられたら、たいていの人は、怒りたくなったり、泣きたくなったりするはず。

でも、社会人として、そういうことはなかなかできません。

ほとんどの場合、僕たちにできることといったら、ただ「ガマンする」だけです。

そして後から思い出して、「なぜあのとき、何も言い返せなかったんだろう…」と思い、自分を責めてしまうものです。僕自身、激しくそんな経験があります。


では、このようにガマンし、さらにもう片方の頬を差し出すのが、人間として正しい姿なのでしょうか。


それが、実は違うのです。こんな心理実験があります。

実験者は、多くのプレイヤーに、ある対戦ゲームを行わせました。

その際、プレイヤーを3つに分けて、それぞれにこんな戦略をとらせました。

A「他のプレイヤーをひたすら攻撃する」
B「決して誰のことも攻撃せず、ただ耐える」
C「相手が攻撃してきたら、一度だけ反撃する。それ以外は自分から攻撃しない」

このとき、もっともゲームで成績が良く、さらに一番評価が高かったのは、Cだったのです。

「ただ耐えるだけ」より、こちらのほうがずっとイイのです。

この姿勢でいることができれば、あなたの大嫌いな、ひたすら皮肉や悪口を言う上司（ここではAになります）より、ずっと高い評価にだってなりえます。

すなわち大切なのは、**「ちょっとだけ反撃」**をすること。

この本では、「どのようにして、ちょっとの反撃をするか」について教えています。心理学理論から僕の実体験までからめていますので、限りなく分かりやすく読むことができるはず。

口げんかで何も言えず、つらい気持ちを抱えてしまったあなた。

誰かの言葉で、悔しくて眠れない夜があったあなたは、どうかこの本のページをめくってみてくださいね。

ゆうきゆう

もくじ

第1章

無神経な相手から「心を守る」方法

第2章

どんなキツイ攻撃も「巧みにかわす」テクニック

第3章

正面から反撃せずに「さりげなく水を差す」コツ

第4章

たちまち形勢が逆転する「絶妙な切り返し」術

第5章

反撃術を身につけた「その先」にある、大切なこと

本文イラスト◎カヤヒロヤ
本文DTP◎Sun Fuerza

プロローグ

たまりにたまったモヤモヤにピリオド！

SUPER METHOD 1

もう「やられっぱなし」で終わらせない！

心の中は、荒れ模様

人間の行動には、すべて理由があります。

あなたがこの本を手にしたからには、自分の性格を変えたいとお望みなのでしょう。カウンセリング理論の基本なのですが、相談に来る人はあらかじめ結論を持ってきています。ご本人の望むことを一緒に探して行動へと促すのがカウンセリングです。

つまり、**本書を手に取られてこのページを読んでいるあなたは、すでに解決のための第一ステップをクリアしている**と言えます。

おそらく、あなたがやられっぱなしでも我慢しているのは、「そもそも弱気で他人にモノ申すことができない」

「口が回らない。言い返しても結局、言い負かされてしまう」

「言い返すことにより相手との人間関係が壊れては困る」

などなど。様々な事情がおありだとは思います。

裏を返せば、相手は、

「言葉のバリエーションに富んでいる」とか、

「人間関係の破壊を恐れなくていいほど強い立場にいる」

つまり〝**強者**〟だ、ということです。

おそらくあなたもこの力関係についてはすでに察知しているはずです。

だからこそ、今までは当たり障りなく、より穏便で安全な選択として次のようなことを繰り返してきたのではないでしょうか。


「悪口を言われても、言い返さない」

「不当な中傷やあてこすりは、無視を決め込む」

これも一つの方法ではあります。このように、相手に言い返さないでやり過ごしていれば、表面上は波風の立たない穏やかな人間関係がキープできるからです。

しかし、あなたの心の中はどうでしょうか？
常に穏やかで満ち足りていますか？
そんなことは、「絶対にない」はずです。

何かと無理な注文をつける取引先、自分の思い通りにいかないとすぐにキレる上司、文句だけは一人前のクセに役に立たない後輩…。

「だまってれば、いい気になりやがって」
と怒りを感じたことは一度や二度ではないでしょう。

「このままの人間関係がずっと続くなんてまっぴらだ！」
そう思ったからこそ、本書をお手に取られたのではありませんか？

言い返したい！　でも…

さあ、ここでそろそろ本題です。

そもそも「言い返す」という行為を封印してしまうと、あなたがお悩みの事態は永遠に好転することはありません。なぜなら、

あなた＝弱者　相手＝強者

という**アンフェア**な構図がゆるぎないものとして定着してしまうからなのです。

私たちは社会生活を営む以上、いろいろな人間関係のしがらみの中で生活していかなければならない、というのは事実です。

上司・先輩・取引先といった制度上明確な〝強者〟や、社内の人気者・有力者の知り合い・お局様といった、特殊な場でなぜか君臨している〝強者〟からの縛りというのは誰にでもあるもの。

しかし、だからといって、そのしがらみに負けて何も言い返さず、相手に言われるがまま、されるがまま、というのは心理学上得策とは言えません。

実は、**我慢し続けるあなたの行動が余計にあなたの首を絞めている、周囲の評価を落とす原因となっている**、ということに気づいていただきたいのです。

そう、今までのあなたはとてつもない損をしていたのです！

僕は本書を手に取られたあなたには、今のままでいてほしくありません。

「言い返したい！　でも、言い返せない…」

そんなあなたにぜひ、強者の相手と戦ってほしいのです。

■■あなたにピッタリ、ゲリラ戦

ただし、そんな強い相手と戦うには正面からぶつかってはいけません。

相手を完膚《かんぷ》無《な》きまでに打ちのめす必要は全くないのです。

そもそも平和を愛する戦い慣れないあなたが、いきなり強者と対決するのは、現実的とは言えないでしょう。戦況は極めて不利と言わざるをえません。

では、どうするか？

人間、だれでも強い部分と弱い部分とがあります。

どんな強敵でも24時間、強い部分だけをあなたに向けることはできないのです。

そんな相手の弱点を狙って撹乱《かくらん》する――。

相手のスキをついて、**「こっそり」「素早く」「ちょっとだけ」**反撃。

そ～っと相手を操って、小さなダメージを与える心理戦。**リスクは最小限。それでいて相手の攻撃を骨抜きにしてしまう「ゲリラ」的戦法。**


これこそが、弱い人が強者に勝つ賢いやり方。

そんな心理学メソッドをぜひとも身につけていただきたいのです。

本書を通じて、これからお伝えする反撃術の数々をあますことなく実践していただき、あなたの悩ましい日常に少しでも役立てていただければ幸いです。

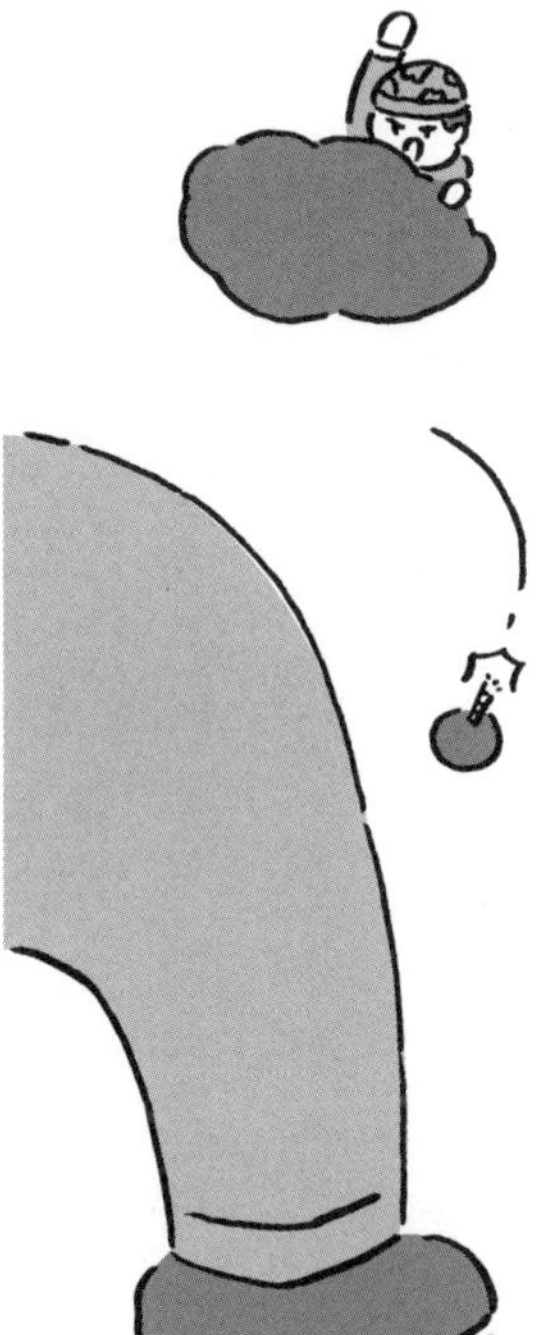

弱くても、戦う方法はある！

SUPER METHOD 2

「いい人」なのに損をする、そのワケは？

無抵抗でいることのマイナス

あなたは他人に悪口を言われたり、皮肉やあてこすり、誹謗《ひぼう》中傷を受けたとき、どんな態度をとっているでしょうか。

相手との衝突を避けて、そのまま聞き流したり、無視したりを続けてはいませんか？

内心はとても不愉快なのに、相手に食ってかかることもなく、不機嫌な顔も見せずに「いい人」でいようと努力する。

しかし、こんなとき何も言い返さない「いい人」を演じると確実に損をしています。

なぜなら、抵抗をしないままでいると、

「周りに魅力的に思われなくなってしまう」から。

これは、あなたに何の落ち度もない場合でもそうです。

というか、むしろそういった場合には特にそうだと言ったほうがいいでしょう。

そのことをご理解いただくために、こんな実験を紹介しましょう。

それは、心理学では定番の、電気ショックの実験

大学生の被験者たちに、「電気ショックで苦しんでいる人」のビデオを見せます。

そして、大学生たちをＡＢＣの３グループに分け、電気ショックで苦しんでいる人について、それぞれ違った説明をしました。

Ａには「この人は、実際に電気ショックを受けておらず、苦しむ演技をしている」と説明。

Ｂには説明ナシ。すなわち不当に電気ショックを受けていると思わせます。

Ｃには「この人は、電気ショックを受ける代わりに30ドルの報酬をもらっている」

と説明。

すなわち、Aは「演技」、Bは「理由なし」、Cは「お金のため」、と言われるわけです。

そしてその後、大学生たちに、「電気ショックを受けている人は、どれだけ魅力的な人か」を判断してもらいました。

すると…。恐るべき結果が出たのです。

■■踏んだり蹴ったりの男

なんと、Bの「理由なく電気ショックを受けた」とされた人は、一般的な平均値よりも「魅力的でない」と判断されたのです。

A「演技」とC「お金のため」の場合は、電気ショックを受けている人間は、一般的な平均値よりも「魅力的である」と判断されました。

信じられますか。

不幸な人ほど、魅力がないと判断されるなんて…。

これでは、まさに踏んだり蹴ったりです。
それではどうして、こんな結果が出たのでしょうか?

■不幸には、理由がある…?

人間は、誰しも**「自分だけは安全でいたい、災難から逃れたい」**と思う気持ちがあります。それは「マズローの5段階欲求」では、食欲や睡眠欲の次に位置されるほどの基本的な欲求。

それが満たされて初めて、さらに上の、「他の人と一緒にいたい・尊敬されたい」などの欲求を満たそうとするのです。

すなわち、安全を求める欲求は、基本中の基本なのです。

「電気ショック」などの不幸。

これは人間にとっては非常な恐怖になります。

実際に目の前で、不当にそのような不幸にさらされている人がいたとしましょう。

するとそれを見た人は、こう考えます。

「この人は、能力的に劣っているからこそ、こんな不幸に遭っているんだ」

このように、人はその状況に足りる理由を見つけて正当化をすることで、「自分だけは大丈夫だ」と考えてしまうものなのです。

「演技」をしてる人や、「お金のために」電気ショックを受けている人は、すでに本人にとっても納得できる理由があるために、そのような解釈をされることはありません。それどころか、先の結果にもあるように、「一般的な人より魅力的」だと判断されています。

「演技している」もしくは「お金のために」という本人の**積極的な姿勢**が、高い評価を受けたのではないかと考えられます。

自分を守るために、立ち向かえ！

このことから、他人の悪口に何の対処もしないでいるのは得策とは言えません。

仮に、悪口に無抵抗な人がいたとしましょう。

すると周囲は、「自分はあいつのように悪口を言われたくない」と思いたがります。その結果として、「あいつは劣ったやつなんだ、だから悪口を言われる。自分とは違うんだ」と考えるようになってしまいます。

つまり、**「悪口を言われても当然」という周囲の見方が正当化されてしまう**のです。

でも、あなたはそう思われることは望んでいないでしょうし、僕も望んでいません。

たとえ「いい人」を演じ続けたとしても、それは長所として評価されないのです。

あなたが周囲から不当な扱いを受けることなく、幸せな毎日を送っていくためには、ある程度の抵抗は必要なことだと言えます。

SUPER METHOD 3

「リスク最小限」で反撃するための基本ルール

「思いやりの心」がアダになる⁉

ここまでは、「言い返し」をしないことについてのデメリットを説明いたしました。でも、おそらくあなたはそういうデメリットにうすうす気がつかれていたと思います。それなのになぜ今まで改善をなさらなかったか。

その原因は、言い返すことで人間関係にひびが入ってしまうのを恐れていることにあるのでしょう。もっともなご意見です。

また、言うまでもありませんが、人間が暮らしていく上で一番大切なことは、他人への「思いやり」や「マナー」。

これは誰もが子供の頃からイヤと言うほど聞かされてきたはず。

そして、周りを気持ち良くすれば本人に返ってくる、というのが人間関係の基本です。**「周りに与えた幸せの総量があなたの幸せの量」**といっても過言ではありません。

これは周りのみんなも同じです。

ですからみんながお互いを思いやることが、本来はベスト。

だからこそ、いかなる場面でもあなたはできる限り紳士的に、品行方正にこのルールを守ろうと努力し、葛藤してきたわけです。

■アンフェアな空気を、リセット

しかし、世の中には、明確な悪意を抱いていなくても、**自分への自信のなさから結果的に誰かを傷つける言動を繰り返してしまう**、という人が必ず存在します。

部下のマネジメントが苦手な上司、仕事で行き詰まった先輩、自分のことで手一杯な同僚…。あなたも思い当たるフシはありませんか?

こういう人たちは、無意識のうちに周囲の人に攻撃を繰り返します。

放っておけば、どんどん事態はエスカレート…。

ですから、あなたはそういう人たちからは、ご自分を守らなくてはいけません。**ある程度までは反撃し、相手に都合のよい人間関係を壊していく戦術が必要**なのです。

とはいえ、あなたが相手にとってかわれ、と言っているのではありません。自分の身を守るためなら、相手に何をしてもいい、ということにはならないでしょう。


あなた自身が、「イヤなやつ」になって相手を傷つけることはおすすめしません。

基本的に、人にされたくないことは、人にするべきではないのです。

また、仮に反撃に転じたとしても、その後の人間関係に大きなしこりを残すのは考えもの。泥仕合に発展したり、長期の冷戦状態に入れば、大量の労力が必要になってきます。

では、どうするのが一番効果的に自分を幸せにできるのでしょう。

どこまで相手の立場を尊重し、どこから自分のために戦うべきなのか？

リスクは最小限、労力も最小限。

そんな反撃の適度なスタンスを説明します。

■ 基本は「囚人のジレンマゲーム」

さて、みなさんは**「囚人のジレンマゲーム」**というのをご存知でしょうか。

ほら、こんな状況を想像してみてください。

今みなさんが、友達の一人と、ある「完全犯罪」を犯したとします。

その名も、「完全密室上野動物園パンダ誘拐」。

誰にも見つからずに上野動物園のパンダを誘拐するという大胆不敵な犯罪です。

計画はとても巧妙で、その犯罪はまさに完璧に行われ、ついにパンダをあなたの家に捕まえてくることができました。

しかし「なんか鳴き声がする」と部屋に入ってきたおかん(56歳)に見つかり、ついに事件は明るみに。あなたと友達は警察に捕まってしまいました。

でも、ここで問題が生じます。

あまりに捕獲したときの手口が巧妙だったため、警察側も証拠が不十分で事件を完全に立証することができません。つまり自白が事件解明の大きなカギを握っているのです。取調べはあなたと友達で別々に行われ、あなたは黙秘を続けていました。

そんなとき、刑事さんはあなたに言いました。

「なあ、自白しろよ。自白すればな、刑期は短くなるかもしれないんだぞ…？」

「え…？」

それはまさに悪魔のささやき。さぁ、いったい刑事さんの真意とは⁉

■■裏切りか、信頼か。それが問題だ

刑事さんが提示した条件は、このようなものでした。

・両方とも自白しなかった場合、立証があいまいになるので、両方とも懲役3年。
・両方とも自白した場合、確実に立証できるので、両方とも懲役5年。
・しかし片方が自白して、もう一方が自白しなかった場合、確実に立証できるが、自白したほうはその分刑が軽くなり、懲役1年。自白しなかったほうは懲役6年。

「完全密室パンダ誘拐事件」発生！　裏切るか？　信じるか？

あなたと友達はどうするかを話し合うことはできません。
あなたの気持ちは揺れ動きました。
このような状況を、「囚人のジレンマゲーム」と言います。

そのとき、あなたはどうするでしょうか？

では、友達が自白した場合としなかった場合の2パターンに分けて、ちょっと話を整理してみましょう。

〈友達が自白した場合〉
あなたが自白するなら　→あなたは懲役5年
あなたが自白しないなら→あなたは懲役6年

〈友達が自白しなかった場合〉
あなたが自白するなら　→あなたは懲役1年
あなたが自白しないなら→あなたは懲役3年

そう考えると、一つの事実が浮かび上がりませんか？

すなわち、友達が自白した場合でも、しなかった場合でも、

「あなたは自白したほうがトク」

ということになってしまいます。


言い換えるなら、どんなときでも他人に悪口を言ったほうがトク。

むしろ先手を打って悪口を言ったほうが相手の対応が遅れる分だけ有利。だとも思えます。

何度も囚人トーナメント！

しかし当然ですが、これはいつでも当てはまるわけではありません。

もしその後もその相手と付き合い続けるのなら、決して完全な答えではないでしょう。たとえば、この囚人のジレンマゲームを何度も繰り返した場合は？


すなわちあなたが懲役を終えた後、こりずにその友達と同じ完全犯罪を繰り返し、

また捕まって…と繰り返したら、どうなるでしょう？

そうすると、話はもっと複雑になります。

一度裏切ったら相手も警戒するでしょうし、そうするとこの先ずっと二人がお互いに裏切り続けてしまうことだってあるかもしれません。


そう考えると、**「常に最初は裏切ればいい」というわけではない**のです。

実はこんな状況での「最高の戦略は？」ということについて、以前に世界的な大会が開かれたことがあります。


といっても世界中から囚人が集まってきて、本気のバトルロワイアルを繰り広げたわけではありません。

主催者が世界中の学者に、「あなたが考える最高の戦略を書いてください」と言い、寄せられたいくつもの戦略同士を戦わせたわけです。

世界が認めた「最高の戦略」って？

そしてその寄せられた戦略を主催者が戦わせた結果、ついに優勝が決まったのです。

その戦略こそが、

「tit for tat」戦略。

tit も tat も「叩《たた》く」くらいの意味で、日本語で言うなら「叩かれたら叩き返せ」。

もっとこなれた言葉にするなら**「しっぺ返し」**です。

すなわち、

「自分からは決して裏切らない」

「しかし一度相手に裏切られたら、次は自分も一度だけ裏切り返す」

「tit for tat」とはこれをひたすら繰り返していく戦略で、この場合にもっとも被害が少なかったわけです。

人間で言うなら、常に依頼の内容は守るが、依頼者が裏切った場合は確実に報復をするという「ゴルゴ13」の強さに似ているかもしれませんね。

■■やり返すのは、一度だけ

このゲーム理論から分かることは、あなたが長く付き合わなければいけない人が何もしないならば、あなたも何もするべきではありません。

ただ、相手に悪口を言われたのなら、あなたも一度だけやり返す。でもそれ以上はやり返さない。

これがリスク最小限の反撃術の基本ルール。

ぜひ覚えておいてくださいね。

「一度だけやり返す」がリスク最小限の反撃ルール

SUPER METHOD 4

正しいことを言っても、口ゲン力には勝てない!?

口論の勝敗を左右するものは？

誰かと口論になり、言い負かされてしまったときのことを思い出してください。ちょっとつらい場面ですよね。
そんなとき、もしやあなたはこんなふうに考えたりはしていないでしょうか。

「知識不足で、負けた」
「説得力のある説明ができなくて、負けた」

でも、それは違います。
言い負かす人と負かされる人、両者の違いは実はもっと単純なことにあるんです。

心理学者であるリトルペイジ（1995）らは、166人の被験者に対して、「砂漠で生き残るのには何が一番大切か？」という質問を投げかけて、それについて5人程度のグループで議論させせました。

すると「水」や「食料」、さらに「道具」など、いろいろな意見があがりました。

個人的には、たとえ砂漠でも「バスト」と考えてしまう自分が泣けます。

だってホラ！

精神的な安らぎにもなりますし、母乳で栄養も…

なんか、話せば話すほどドツボにハマる気がします。

瞬時に話がそれましたが、まぁ、話の内容そのものはあまり関係ありません。

大切なのはここから。

5人いれば、意見も5通りあるでしょう。

しかし討論をすれば、たいていの意見は1つにまとまります。

このとき最終的に、どんな人の意見こそが、もっとも通りやすかったと思いますか？

とにかく話す人間が強い!

実はその答えはシンプル。

単に**「もっとも多く話していた人の意見」**だったのです。

実際その内容は、ほとんどの場合、知識も根拠もたいしてありませんでした。

小難しい理屈など必要なく、**「発言量の多さ=意見の先導者」**という結果になったわけです。

知識があっても、勝てない

リトルペイジは、「たくさんのことを話す」=「豊富な知識がある」とみなされ、「だったらその人の意見のほうが信頼性があるかな」と多くの人が思うからと分析しています。

必ずしも「多く話す人＝知識のある人」ではないのですが、それでも人は、そういう人の意見に引きずられてしまうわけです。

くどいほどに繰り返しますが、とにかく、**「多くの時間・量をしゃべったモン勝ち」**なのです。

もちろん説得力があるセリフを言えば、相手も「うっ……」と詰まって、自然に発言量が少なくなるでしょう。

その結果、説得力が高い人が勝つ可能性もあります。

しかし、ほとんど多くの場合、**「量さえしゃべれば、たとえ低レベルな意見でも、ほぼ確実に勝つ」**んです。

よって万が一口論で負けたとしても、「自分が難しいことはよく分からないし」「特に頭の回転がいいわけでもないし」なんて落ち込む必要はありません。

口ゲンカに勝つのは、自分の口数が多いこと、そして相手の口数を減らさせる。

そういうルールのゲームなんです。非常に単純です。

■■雄弁は「金」、沈黙は「銀」

よく「沈黙は金なり」と言いまして、黙っているのが一番という意味のことわざです。でも、原文である旧約聖書では「〝時には〟沈黙は金なり」となっているのをあなたはご存知ですか？

つまり、ほとんどの場合は「雄弁が金」。

だまっているよりは、口を開いて相手に言い返す姿勢が大切なのです。

でも、たとえ「雄弁になんて話せない」「口数には自信がない」と思っても、大丈夫。ペラペラと話す相手の勢いを削いで、リズムを狂わせてしまえば、戦況は一変します。

言うなれば、口数は国家にたとえれば武器の差。

みなさんがここで負けを認めず、ゲリラとして戦いを開始するなら、**口数の多い強国に勝つには相手の武器を使わせない、または無力化させる戦術**が必要なのです。

ここから先の章では、そういったテクニックをお教えしましょう。

第1章

無神経な相手から「心を守る」方法

SUPER METHOD 1

あなたの反応が、見たいから…？

攻撃されない守りの基本

まず本章では、極力相手を調子に乗せない。攻撃されても動揺しない。そんな最低限の心構えや対処方法をお教えします。

いざあなたが他人から攻撃を受けた。
そんなときに、**もっともやってはいけないのが動揺を悟らせること。**
なぜなら相手はそんなあなたの反応を見たくてやっています。

反応があるから、したくなる？

心理学者カッツェフとミシマ（1992）は、こんな実験を行いました。

まず彼らは大学の近くに、「古紙リサイクルコーナー」を作ったのです。

まぁなんていうか、ただのリサイクルなわけで、持ってきたからといって別にトイレットペーパーと交換してもらえるとか、そういう幸せはありません。

よっぽどのことがないと、誰だってわざわざ学校まで持っていきたいとは思いませんよね。

実際、1日の回収量は平均して8・57ポンドでした。1ポンドはだいたい0・5キログラムですので、4キロちょいが集まったことになります。

まぁまぁの量です。

さてここからがメイン。

ここで実験者たちは、「昨日の回収は○○ポンドでした」というように、前日の結果を示す看板を立てたのです。

すると次の日から、回収量がほぼ2倍の、約15ポンドまで増えました。

しかしその1週間後、今度はその看板を取り去ってしまいました。

すると1日の平均回収量は、12・7ポンドまで落ち込んでしまったのです。

この実験から導き出される結論は一つ。

相手の行動をハッキリと「結果」として示してあげることが、相手の気持ちを動かすことになったのですね。

もっと反応が欲しい!

でもリサイクルの話で思い出すのが、中学生の時の友達。

一度学校で「環境のためにリサイクルをしよう」という運動が起こったことがありました。

そのとき運動の担当だったのが、きれいな教育実習の先生。

ほとんど男子校みたいなものだったので、もうみんなすごい勢いで、その先生の所に古い紙や新聞を持っていっていました。

もちろん褒められたい一心です。
なかでも革新的だったのが、同じクラスのアンドウくん。
彼は自慢げに、「オレ、もうノートでも破いて持ってっちゃうから」。

それ、絶対に趣旨が違ってる。

僕はそう思いながらも、「がんばれよ」と言いました。
どう考えても環境に優しくないリサイクルが重ねられてた気がします。

とっても大切、「フィードバック」

少し話がそれましたが、「結果が見えるとやる気が出る」というのが人間心理。
これはみなさんも納得できるのではないでしょうか。

自分がせっかく何らかの行動をしているのに、相手からレスポンスがないと、やる気も少しずつ失われていってしまうもの。
でも逆に、どんな形であってもその行動による変化を感じることができれば、確実に**「よしもっとやってやろう…」**と感じることができるはずです。

このように、ある行動によって起こった結果が、行動をした人に分かりやすく示され、そしてそれによって行動が変わることを**「フィードバック」**と言います。

よく募金などで「おかげさまで○○円集まりました」という表示をしていることがありますよね。これも一種のフィードバック。

やはり人間の気持ちを高め、「よし、もっと募金してやろうか…」という気持ちにさせるわけです。

一方で、嫌がっているのを悟られた場合も「よし、もっとやってみよう！」と思われてしまいます。

よく小学生が好きな女の子をいじめたりしますね？　それと同じです。

それは「嫌がる」という、**マイナスのストローク（何らかの行為による反応）を相手に与えているということ**なのです。ストロークがありさえすれば、この実験でみんなが古紙の収集に協力したように、積極的な行動を続けてきます。

要するに、あなたへの攻撃を続けたくなるということ。

つまりは、**相手にあなたが嫌がってるところを見せないことが重要**なのです。

その攻撃を「なかったこと」に

では、具体的に相手が喜ぶストロークとはどんなものなのでしょう。

相手に攻撃されたとき、うつむいたり、席を立って足早にその場を離れたりして、気持ちの乱れを態度に出してしまう。

また、妙に早口になったり、相手の要求を満たそうと、オフィスを走り回って、自分の動揺に拍車かけてしまう。


これはぜひとも避けてほしい反応です。

あなたが傷ついたり、慌てたりする姿を見せれば見せるほど、相手の喜びは大きく膨らんでいくのです。

こんな場合は、「〝見た目〟落ち着いた感じ」を演出することからスタート。

一瞬にして、**「相手をその気にさせない外見」**を作ることが最優先事項です。

それには、まずその場で**深呼吸**。単純ですが、その場で何の道具も使わずに数秒でリラックスするには、これがベスト。

ほぐれたら、背筋を伸ばして目線を少し上にあげて堂々と。

しゃべりも、動きも、ややゆっくりで、くつろぎモード。


あなたが落ち着いた反応を見せれば見せるほど、相手はがっかりします。

「つまんない」と思わせれば、あなたの勝ち。

ですから、攻撃を察知した瞬間、深呼吸。


「自分なんて」とクヨクヨしている時間はありません。

心ではなく、まずは身体を動かしてみることが先決なのです。

ここぞとばかりに落ち着いた態度を見せつけて、相手の攻撃を「なかったこと」にしてしまいましょう。

「効いてませ～ん！」は最大の防御

SUPER METHOD 2

「それはあなたの主観でしょ？」のスタンスで！

どうして、動揺してしまうの？

以上のように、相手を調子に乗らせないためには、あなたの動揺を見せないことが一番のポイントです。

では、そもそも人間はなんで悪口で動揺してしまうのでしょうか。

不快なことを言われて動揺する、一番の理由。

それは、**「あなた自身が、相手の発言を真実として受け入れているから」**。

あなた自身、決して望んでいるわけではないのに、心のどこかで相手の発言を認めてしまう。結果として、動揺し、傷つけられ、おまけに相手の意のままに振る舞うことになる…。こんな悪循環にはまっているのではないでしょうか。

イヤなやつの術中にははまらない！

この悪循環から抜け出す方法はただ一つ。

相手の言葉を鵜呑《うの》みにするのを、今日限りやめることです。

あなたは、相手のどんな攻撃にも動じない心の守りを固めなくてはなりません。そのためには、まず相手との間に心の距離を置くこと。あなたを不当に攻撃してくる相手の言葉に素直に耳を貸してはならないのです。

それに、プロローグでも言いましたが、言い争いに勝つのはあくまでもどっちの口数がより多いか。あなたが反撃するにしても、どっちみちあなたが正しいのか相手が正しいのかは、あまり関係ありません。

何を言われても、**「それは、あなたの主観でしょ？」**ぐらいに考えていてください。

■■突然のインタビューに、あなたはどう答える？

突然ですが、こんな心理実験があります。

まずインタビュアーがスーパーマーケットに行き、そこから出てきた人に、

「ここで買い物をするのは、お好きですか？」

と聞きます。

すると聞かれた相手は、

「好きですよー」とか、

「野菜が新鮮だから、いいですね、ココ」とか、

「おさかな天国の歌を流しすぎだからイヤ」

といったような何らかの返事をします。

そしてある程度こういったコメントが出た後に、すかさずインタビュアーは言うのです。

「そうですか…。ではそのコメントを、このスーパーのＣＭに使いたいのですけど…。どうでしょうか？　もしＯＫでしたら、こちらにサインしてもらえませんでしょうか？」

さぁ、こんなとき、あなたならどう答えるでしょうか？

「みんな自分と同じ」だと考える!?

以上のように「ＣＭに使ってもいいならサインをしてほしい」とお願いした場合、約３分の２である66％の人が「いいですよー」とＯＫしました。そして３分の１である34％の人が、「それはちょっと…」と断りました。

さてさて、実は実験のメインはここから。

その後にインタビュアーは、たたみかけるように聞きます。

「そうですか…。では、他の人たちのうち、何％くらいが、あなたと同じようにサインをする（or しない）と思いますか？」

すると、

「サインをした人」のうち75％が「みんなも自分と同じくサインするだろう」

「サインをしなかった人」のうち57％が「みんなも自分と同じくサインしないだろう」と答えたのです。

特にサインをしない人は34％しかいなかったのにもかかわらず、彼らのうち「みんなサインをしないだろう」という人が半数以上を占めたわけですね。


すなわちサインをした人もしなかった人も、

「自分と同じ行動をする人を、実際よりも多く見積もった」のです。

このように、**「多くの人が自分と同じ意見や行動をするだろう」**と考えることを、**「フォールス・コンセンサス効果」**と呼びます。

日本語にするなら、「間違った合意」です。


ちなみに僕だったら、「CMに使うことに同意する」とかの横にちっこく「奴隷になることにも同意する」とか書いてあるんじゃないかとか心配して、結果的にサインしないと思います。

こんな考えをする僕って多数派ですよね⁉

…これがフォールス・コンセンサス効果。

「正しいハズ」という思い込み

ほら、こういうのって、みなさんも思い当たることはないでしょうか？


たとえばテレビの「面白ビデオ投稿コーナー」。

子供が転んだり、ケーキに顔突っ込んだりとかのビデオが流れたりしますよね。

見ている我々にとっては「あ～はいはい…」な内容ですが、送っている親は、「こんなにかわいくて面白いんだから、みんなもそう思うはずだ」と固く信じ込んでいるわけです。

また、援助交際をしている女子高生に、

「それは正しいことだと思う？」

と聞いてみると、必ずこう答えたりします。

「でも、みんなしてるし…」

「結構誰でもやってるよ？　普通普通」

「そういうコトに罪悪感とか感じてないコって、すごく多いよ」

これも結局はフォールス・コンセンサス効果。

自分の考え、そして自分の周囲の考えを、いかにも全体の女子高生が共通して持っているように感じてしまっているわけです。


誰もが、自分の考えは正しいと思いたいもの。ですから、「みんなも賛成してくれている」と考えることで、気持ちが安心するわけです。


かなり話がズレるかもしれませんが、僕は小学校のときに自分のことを「とてもマジメな少年」だと思っていました。

もう、Hなことなんか大キライ！　フケツ！　みたいな。

そんなとき、小学校の担任の先生が言ったのです。

「男はみんなHなんだぞ」

もうビックリです。

…何を言ってるんだろ、この人は⁉

そんなふうに感じていました。

でも中学校に入って、少しずつHなものに興味を引かれ始めたとき、僕はあらためてその言葉を思い出し、こう感じたのです。

「あぁ、**こんなにマジメな僕でさえ**そういうのが好きなんだから、確かに『男はみんなHだ』というのは正しいなぁ…」

「みんな同じ」は正しい？

結論としては合ってるのですが、今から考えると「こんなマジメな僕でさえ」というところはかなり間違っているように思えます。

たとえ相手が自信たっぷりでも…

さて以上のように、人は「みんなが自分と同じ考えを持っている」と思い込みやすいもの。

そしてその傾向は、特に自分に近い位置にいる人に対してはより強くなります。

つまり、アカの他人には多少の遠慮はあっても、毎日過ごしている職場などでは、**「ほかのみんなもそう思っているに違いない」**という気持ちがついつい高まってしまうのです。

ですから、たとえ誰かが自信たっぷりにあなたに批判の言葉を浴びせてきても、それは単なる相手の思い込みです。「ほかのヤツもそう思ってるはず」という根拠のない自信に支えられた勝手な解釈に過ぎません。

そんな相手の言葉を真に受けて心を乱すなんて、もってのほかなんです。

SUPER METHOD 3

とたんに自信が満ちてくる「3つの勝利」

マイナス思考を止めるには?

それでも相手に悪口を言われて、自信を失った。そんなときは反撃の前に、いち早く立ち直らなければいけません。

心理学用語で**「連合の法則」**というものがあります。

たとえば、クーラーの効いている心地のいい部屋では、暑い部屋に比べて一緒にいる人間への好感度が高くなる、という実験があります。

このように、一つのことによって気持ちが変わり、他のこと全般への態度などが変わってしまうことを「連合の法則」と言うのです。

ほら、みなさんにもありませんか？

小さなことでイヤな気分になったとき、その後に何を見てもネガティブに考えてしまったり…。

特に強い恐怖を感じたときなどは、人間心理はすべてを単純化して考えてしまうもの。悪い気持ちがさらに悪い感情を呼び起こす、まさに**「マイナスの無限連鎖」**です。


一度でもこの状態に陥ってしまうと、それを回復させるのはとても大変。

ではこんな場合、いったいどうすればいいのでしょうか？

勝手に勝負、勝手に勝利

その答えはとても単純。

流れを変えるために、**「小さな勝利」**を感じることです。

こんな状況をイメージしてみましょう。

たとえば地位も高くて有能な相手に、何か悪口を言われた場合。

「うわ、この人って怖い…」

「偉いんだろうな…」

その気持ちからつい相手にのまれてしまいそうになりますが、そんなときはすぐにもう一度思い返すこと。

「相手が優れている部分」だけを見て、**あなた全部が負けているなんて思わなくてもいいん**です。

自分の中で、相手の弱点を見つけてください。

「あ。お腹出てるな…。ウエストは俺の勝ちだ」

「態度が大きいな…。謙虚さは私の勝ちね」

「頭薄いなぁ…。髪の毛は僕の勝ち」

「話がめっちゃ分かりにくい！　私ならもっとうまく説明できるのに…！」

このように「小さな勝利」を感じたら、その勢いに乗って他の「勝ち」もどんどん見つけてみてください。

「○○は俺の勝ち！」

「××は私の勝ちね！」

それを3回ほど繰り返せば、確実に相手のことを「のんだ」気持ちになるはず。

すると不思議なことに、気持ちは確実に盛り上がっていくのです。

劣等感を感じさせるアイツも、よく見ると…

これは魅力的な異性をデートに誘ったり、最初に声をかけるときも同じ。

相手が美人やハンサム、もしくはすごく魅力的な部分があるからといって、のまれる必要はありません。


「実は姿勢悪いじゃん…」

「よく見ると、肌荒れしてる…」

「ギャグ、寒ぅ…」

それだけで、気持ちだってラクになっていくはずです。

…ただこの場合は、あまりやりすぎると本当に嫌いになってしまうこともありえますので、せいぜい3カ所くらいでやめておくのが無難でしょう。

「よっしゃ！　勝ってる！」
心の中で小さくガッツポーズ！

■■ 資料を読むある男の場合

実際に僕も、資料としてたくさんの心理学者や精神科医の本を読んでいるときに、

「うわ…。この人たちの知識量、すごい…。とてもかなわない…」

と、気持ちがつい落ち込んでしまうときがあります。

でもそんなときでも、

「いや、でも僕のほうが**『変』**だ！」

「『情けなさ』にかけては負けない！」

「『セクシーセクシー連発している恥と外聞のなさ』は、決して負けないんだ！」

と考えることで、自信を湧き上がらせます。

根拠になっているような、なっていないような感じですが、それでもエネルギーが湧けばOKです。

みなさんも、ぜひ試してみてくださいね。

■■小さな小さな、スーパーメソッド

よって、今回の話をまとめるなら、

「気持ちがのまれそうになったときは、とにかく小さな『勝ち』を見つけること！」

古来からの兵法でも、大軍を破るには、「弱い部分から個別に撃破していくこと」と言われています。威圧を感じる人間に出くわしても、「みんなより劣ってる…」なんていう落ち込みが襲いかかったときも、「自分対全部」で考えてはいけません。

常に分断し、「一対一」で考え、少しずつ打ち破っていくことが大切なのです。

自分だけの「小さな勝ち」を見つけて、ニコリ。

これこそが**スーパーメソッド『スモール・スマイル』**！

小さな微笑みは、確実に気持ちを楽にしてくれるものですよ。

SUPER METHOD 4

礼儀正しく、ぶちかませ！

限度ってもんが、ある

仮にあなたに多少の非があったら、多少の批判はやむをえない場合もあると思います。でも、度を超えた悪口や中傷は放っておいてはいけません。

自分にも非があるから言い返せない。その場をなだめるために言い返さない。そんなふうに自分をセーブしてしまうと、あなたは何も言い返さない人だから、と相手は考えて、**ますますエスカレートしていく**ことも考えられます。

アメリカの心理学者であるスタインメッツ（1977）らは、次のような心理実験を行いました。

「人のイメージ」は何で決まる?

彼らは被験者を3人ずつのグループに分けて、その3人を、それぞれ「司会者」「解答者」「観客」に分けました。

そして、「司会者」に用意されたクイズを出させて「解答者」に答えさせ、その様子を「観客」役の人が見ていたわけです。

このクイズがひと通り出題された後に、「観客」の人に、「あなたは、司会者と解答者をどう思いましたか?」と聞きました。

するとその結果、ほとんどのグループにおいて、「司会者は解答者よりも、頭が良くて知識も豊富である」というイメージができていることが分かったのです。

さらに、「解答者」に聞いたところ、「自分も、司会者のほうが自分より能力があると思う」と答えたのです。

しかし当然ですが、この配役はランダムに分けられたもの。必ずしも、司会者のほうが頭がいい、というわけではありません。

それにもかかわらず、「司会者は、あれだけたくさんの問題の答えを知っているんだから、そもそも頭が良くて、知識そのものも豊富なんだ」と考えたわけです。

冷静に、「司会者は、問題を読んでいるだけだから、いろいろなことを知っているように思えるんだ」と考えた人は少なかったわけです。

ある意味「役得」ですね。
これこそが**「状況ではなく性格のせい」**という心理効果です。

ちなみに、日本のクイズ番組だと、どうでしょうか。

実際、『世界ふしぎ発見』の司会者である草野仁は、解答者の誰よりも頭がいいように思えます。

いえ、なんか自分のイメージ的に。

唯一彼に対抗できそうなのは、黒柳徹子くらいでしょうか。

強制したのは、あなたでしょ!?

実はこの効果、他の場合でも示されています。

たとえば、心理学者ジョーンズ（1986）による実験。

彼らは被験者たちに、「今から学生たちに、妊娠中絶を擁護している論文を、書き写させる作業をやらせてください」と言いました。

被験者は、それに従って、学生たちに、その論文を書き写させました。

そしてその後に、「では、この学生自体は、妊娠中絶を擁護していると思いますか？　それとも反対していると思いますか？」と聞きました。

すると被験者たちのほとんどは、

「学生は、擁護しているに違いない」

と答えたのです。

いや、書かせたのは自分でしょ!?

そんなふうにツッコミたくなるのは、僕だけでしょうか。

すなわち、自分がある論文を書かせたという「原因」や「状況」がハッキリ分かっているのにもかかわらず、それでも人は、学生自らが本来持っている**「性格によるものだ」**と考えてしまうわけです。恐ろしいですね。

これ、結構生々しく思い当たる体験があります。

たとえば、AさんがBさんに、何か使い走りをさせたとき。

Aさんは、その「原因」や「状況」を十分に認識しているのにもかかわらず、「Bさんはそもそも、**そういうことを望んでいる人間だ**」と考えてしまうわけです。

…なんて生々しい。

こういう実験は、他にもたくさんあります。

しかしいずれも、

「その人が、強制的に何かをやらされていることを、たとえ知っていても、『その人の性格によるものだ』と思ってしまう」

という結果になっています。

■攻撃がエスカレートしてきたら…

以上のことから分かるように、**人間は自分の都合のいいように、勝手に物事の見方をねじまげて解釈してしまうもの**なのです。

誰かに批判的なことを言われたとき、「自分にも非があるから」と遠慮しているばかりではいけません。何でもかんでも、「すみません」を連発して謝っている場合ではないのです。

相手が調子に乗って言い放った人格を傷つけるような侮辱、皮肉や中傷まで素直に受け入れてしまうのは、危険なサイン。知らず知らずのうちに、相手の攻撃を誘っていることにもなりかねないのです。

ですから、あなたの中で**「ここから先は許さない」**という一線を踏み越えられたら、ためらうことなく反撃に出て構いません。

ただし、そんな状況でもあなたに非があるということは変わりがないのですから、おおっぴらに言い返しては、聞く人によってはあなたが非常識だということになってしまいます。

ですので、やはりそんなときでも穏やかにしゃべり、穏やかに反論する。そんな手段を必ずとるようにしてください。

SUPER METHOD 5

説得力がみるみるアップする一言とは？

相手を説得してみたい！

「論より証拠」と言うように、相手を効率よく説得するためには客観的なデータを持ち出すのが有効、というのは聞いたことがあるでしょう。

それこそみなさん日常のお仕事の中で、営業の売り文句、プレゼン資料、企画書などの作成時には、説得力のありそうなデータを求めて、日々奮闘なさっているかもしれません。

でも、自分の意見をオドオド言って、相手の判断を待つだけでは、不十分。

リュックサックにせっかく荷物を詰め込んで、フタを開けっ放しにするようなもの。

あともう一言、**最後のツメ**が必要なんです。

証拠だけでは、無意味

さて、実はアメリカでこんな説得の実験が行われたことがありました。
対象は「ドルの切り下げをすべきではない」と固く信じている被験者たち。
実験者は彼らに「ドルの切り下げをすべきだ」と説得しようとしました。

このときに被験者はAとBの2グループに分けられ、それぞれに対してこんな説得が行われました。

Aに対しては、ひたすらドルの切り下げによるメリットや理由を説明するだけで終了。最後に「だから○○すべきだ」というような結論は言いませんでした。
これを**「暗示的説得」**と言います。
これに対してBグループには、同じようにメリットや理由を説明し、最後に「だからドルの切り下げをすべきだ」という一文を付け加えたのです。
これを**「明示的説得」**と言います。

するとなんと、Bグループは、Aの2倍以上の説得率を示しました。

すなわち人を説得する場合、**証拠の提示後に「結論があるかないか」**ということによってこれだけの違いが現れたわけです。

■人間は支配されたがるもの…？

1966年に心理学者マグレガーによって提唱された、**「人間は自分からは積極的に何かを決めたくない。他人に決めてほしい」**という受動的なX理論と、**「人間は何でも自分で決めたいんだ」**という能動的なY理論というものがあります。

X理論は「S」か「M」かでいえば「M」です。Y理論は「S」にあたります。

基本的に、人間は誰でも、自分の中に両者が共存しています。

でも、「S」の面を出すためには、その分野にある程度精通していて自信を持っていることが必要です。

そう考えると、自分の考えや能力に不安のある大多数の人が、他人に指導されることを望むという「M」を出してしまうということになります。

つまりある程度マスターして自信のある分野でなければ、「S」であるY理論が当てはまる人間になるのは難しいわけですね。

人間は、自分の考えと対立する説得を繰り返されると、気持ちが迷い、フラついてしまうもの。そんなとき、つい気持ちは「M」になってしまいます。

「どうすればいいんだろう…。どうすればいいんだろう…」

このときにAグループのように「後の判断はお任せしますよ」というような暗示的説得では、彼らの多くが迷っただけで終わり、考えを変えるまでには至らなかったのです。

他方のBグループのように**「だから○○すべきだ」**と、ハッキリと結論を示してあげると、それが最後のひと押しとなり、つい従ってしまうわけです。

「だから」は、無条件で

また人間には、**「○○だから」と言われると、つい無条件で従ってしまう**という実験結果もあります。

それを示したのが、こんな実験。コピーをしている人に近づいて、次の3パターンで先にコピーさせてくれるように頼みました。

A「先にコピーさせてくれませんか?」と、普通に頼む。

B「急いでいるので、先にコピーさせてくれませんか?」と、理由を言いながら頼む。

C「コピーを取らなければいけないので、先にコピーさせてくれませんか?」と、**「理由になってないじゃん」的な理由**を言いながら頼む。

その結果承諾率は、Aが60%で、Bが94%、そしてCは93%で、BとCはほとんど変わらなかったのです。

よって、結論を伝える前に、「だから」という接続詞をつけたほうが、そこまでの話の内容は何であれ、より説得の成功率は上がるわけです。

結論は必ず出せ！

以上の話をまとめますと、提案や依頼のときは必ず、「〜だから、○○」というのを忘れないこと。

「この件は譲れないのですが…」

で止めないで、

「ですので、ぜひ今回はこの方針でお話を進めさせていただきたいのです」。

それが、もっとも強く相手の気持ちを導く言葉になるのです。

あなた自身が迷っていては、相手の心は動きません。

これこそがスーパーメソッド『女王のムチ』!!

迷っていたり、不安を抱えていたりしている相手の気持ちは、「M」と同じ。

あなたの「S」としての〝決めの言葉〟を、もっとも望んでいるものなのです。

「徐」々に「大」きくなる「女王」のムチで、相手の気持ちを動かしてくださいね。

■ムチも気持ちも、強く握ること

そもそも人は、説得のときにどうして中途半端な暗示の言葉で終えてしまうのでしょうか。

その理由はたった一つ。

自分に自信がないからです。

「僕が強引に主張しても、本当はNOかもしれない。無理強いしているだけかも…」

そんな気持ちを抱えるのが怖いから、つい結論は言わず、あえてニュートラルな状態にして、相手に決断させてしまいます。

言い換えれば、**相手が自主的に自分の都合に合わせてくれることを通して、同時に自分の自信回復も行おうとしている**わけです。

でも、それでは成功率も、さっきの実験のように2分の1になってしまいます。

大切なのは、意見を述べる瞬間は、あえて自分に迷いを持たないこと。一旦ムチを握ったら、最後まで手をゆるめてはダメ。とどめの一撃で、相手をあなたの用意した結論まで確実に追い込んであげてください。

中途半端な言い方では、気持ちもムチも重く感じるもの。

あなただけの想いを、もう一度強く硬く握り直してみましょう。

第2章

どんなキツイ攻撃も「巧みにかわす」テクニック

SUPER METHOD 1

この「5つの戦術」でピンチを切り抜けろ！

強い相手に応戦するには？

前章では、不当な攻撃を受けたり、意のままに相手に振り回されたりしないための、自分の作り方についてお伝えしました。

本章では、**「反論の仕方の基礎」**について詳しく説明いたします。

言い返しや反論。それらすべてには能動的な会話をしていく必要があります。

プロローグでも言いましたが、口ゲンカの勝敗は言っている内容の当否ではなく、たくさんしゃべった側が必ず勝ちます。

相手の勢いをいかに抑えて、自分がどんなタイミングでしゃべればいいのか。

その点にかかってるといっても過言ではありません。

そして、その答えについてもすべて、心理学では解明されています。

本章の心理テクニックは、いかに労せずして相手が強い言葉をしゃべれなくするか。

その後、いかに効率よく、自分の言い分を受け入れてもらうか。

そういった技術についての説明をします。

とにかく、ゆっくり話すこと

まず大切なのは、とにかく**「ゆっくりと話すこと」**です。

人間は無意識に相手の話のペースに合わせてしまうもの。

たとえば「火事だ！」というときに、周りの人が「ふーん…」と冷めていたら、「あれ？　そんなにすごいことでもないのかな？」と思いませんか？

でも、そのとき周りの人が大慌てで叫んでいたら、あなたもつい一緒に慌ててしまうのではないでしょうか。

その逆もまたしかりです。

とにかく**相手の気持ちをゆるめたければ、あなた自身が落ち着くこと。**相手のペースに巻き込まれず、穏やかに話してみてください。

相手が興奮して矢継ぎ早に話しかけてきても、とにかくあなたは落ち着いて、「ゆっくり」話すこと。あなたが早口で応戦すれば、相手はますますヒートアップしてしまいます。

先制攻撃を受けたら、とにかく相手を落ち着かせるように誘導していく応戦術が、有効です。相手を興奮させて、火に油を注ぐようなやり方をしては、勝ち目はないでしょう。

やりとりをしていくうちに、さりげなく相手の攻撃の牙を抜き、上手になだめて話を終わらせてしまうのがベストなんです。

絶対に負けない、5つの作戦

では穏やかに話すとして、どう切り返すのが好ましいでしょうか？

実は、心理学者ネルソン・ジョーンズは、相手の批判に対処するためには、以下の5つの方法が必要であると述べています。

それこそが、

①反射の戦術
②分散の戦術
③質問の戦術
④延期の戦術
⑤フィードバックの戦術

の5つ。

攻撃を察知した瞬間、この5つの戦術を駆使して相手に立ち向かってください。いついかなるときも、これらの応戦モードに入ることができれば、首尾は上々。後の反撃に打って出る際にも、極めて有利なんです。

それでは次項から、それぞれについて順に見ていきましょう。

SUPER METHOD 2

不意の攻撃にも慌てない「反射の戦術」

■ **あれこれ考えないで、とにかく返す**

まず大切なのが、「反射の戦術」。

相手の批判を、そのまま要約して返してあげることです。

たとえばお客様に、

「あなたのところの製品、買ったんだけど！　すぐに壊れちゃったじゃない！　これ、不良品じゃないの！　取り替えてよ！」

と言われたのなら、

「はい。商品が動かなくなってしまったので、交換を望まれていらっしゃるということですね？」

と、**一言でまとめる**ことです。

他にも、たとえば彼女に

「ねぇ、何この髪の毛！　それに見たことのないシャンプーのボトルもあるし…。ちょっと答えてよ！　昨日は何してたの⁉」

と言われたら、

「そうか…。君は僕が浮気してると思ってるんだね…」

と話すこと。

話を「要約」するだけでOK

このように、誰かに突然、宣戦布告をされても、勢いにのまれてはいけません。詳細も分からないまま即座に謝罪すれば、負けを認めたも同然です。

また、言い訳の言葉を選んで返答を遅らせてしまえば、勢いづいている相手はさらに強力な攻撃で追い打ちをかけてくる可能性もあります。

ですからこんな場合は、とにかく即座に相手にリアクションを返すこと。

しかも、ここで必要なのは、話の「要約力」のみ。

相手の言ったことをただまとめて返してあげるだけです。

これなら、多少心が動揺していても、何とか対処できるはず。

だまりこまずに、まずは相手の一方的な攻撃の流れを止めてください。

■攻撃を一旦向こうに押し戻す

また、このような答えを返すことで、相手に次のような変化が期待できます。

まず、相手の苛立った感情をある程度やわらげる効果があげられます。

「相手の話を要約して返す」という行為は、**「あなたの話を、ちゃんと聞いていますよ」というサイン**です。「まずは、あなたの話を受け入れますよ」という好意的なメッセージになるんですね。

また一旦、相手に言葉を投げ返すことで、

「そうだ。私はパソコンが動かなくて困ってるんだ」

「そっか。私は浮気されてることに怒ってるんだ」

と、冷静に考えさせる効果もあります。

あなたが、焦りや動揺を見せずに素早く返答すれば、相手もクールダウンして、客観的に自分の怒りや欲求を見つめ直す機会にもなるんです。

大切なのは、**とにかく返答を返して相手優勢の流れを止める**こと。

一時的にでも相手の攻撃をやわらげたり中断させることができれば、あなたの心にもゆとりが生まれてくるはずです。

▪▪相手の出方に注目！

この方法は、相手がどの程度苛立っているのかを大まかに探ることもできます。

あなたが相手の主張をまとめて投げ返したとき、相手の攻勢の勢いが全く収まらないのであれば、要注意です。

こんなときは、**相手の興奮が冷めるまで様子をみる**のが得策です。

引き続き相手の話を聞きながら、キリのいいところで話をまとめて相手に返す。これを繰り返していき、相手の怒りが収まるのを待ちましょう。

さらに、あなたに特に何か後ろめたいことがあるとき。

こんな場合、自分から相手をさらに刺激するような事柄をあえて話す必要はありません。とりあえず、この切り返しをしてから相手の出方を見て、**どこまで話すか**を判断していけばいいのです。

何よりここではまず、あなたは相手の批判を「要約している」だけ。

まだ相手の主張を否定も肯定もしていません。

これは特に交渉事の場面では非常に重要なポイントになりますので、ぜひ覚えておいてくださいね。

「あなたが言いたいことは、コレですネ！」攻撃

SUPER METHOD 3

マズイと思っても　そこであきらめない「分散の戦術」

小さくすれば、何とかなる！

次に、**「分散の戦術」**。

相手の主張を小さく「分散」させ、その一部分についてのみ認める方法のことです。

先の「反射の戦術」で、相手の興奮をやわらげたとしても、実際やってみると相手の主張を認めざるをえない瞬間も多いはず。そんな場合にとるべき戦術が、これです。

たとえば先の商品のクレームなら、

「動かなくなってしまったことは、まことに申し訳ありませんでした」

浮気の問いつめなら、

「うん。その髪の毛は、確かに僕のじゃない。でも…」

というように、**小さな部分のみを認める**ことです。

相手は一部分でも自分の主張を認めてもらったことで、嬉しく感じ、怒りの矛先を少しだけゆるめるものです。

…まぁ、どこを認めるかが重要なんですけど。

実際にこの例では、髪の毛の部分を認めると、後が大変かもしれません。

でも、「誰の」髪の毛なのか、あえてここで話す必要はないわけです。

「全面降伏」はしない

どう考えても自分に非がある。もしくは、相手に決定的な証拠を握られている。

そんなとき、人はつい動揺して一足飛びに全面的な負けを認めてしまいがちです。

開口一番、「すみません」「ごめん」などと口にしてしまうのです。

でも、ちょっと待ってください。

相手の痛烈な先制攻撃を受けたからといって、そこであっさり全面降伏、武装解除してしまってはいけないのです。

相手有利の展開だからと言って、この後、何をされてもいい、というわけではないでしょう。戦況が不利なときこそ、攻撃で受けたダメージを最小限にとどめ、**これ以上被害が拡大しないように**応戦していかなければならないのです。

自分の非は非として認めつつ、主張すべきはきちんと主張する。

それが重要なのです。

「小さな負け」を引きずらない

ですから、たとえ言い逃れのできない事実を指摘されたとしても、そこであっさりあきらめてはいけません。

その代わり、範囲を最小限に絞った上で、さっさと相手に小さな負けを宣言します。

相手はとりあえず自分の主張が受け入れられたことで、一瞬、攻撃の手をゆるめます。そのスキを利用して、今度はあなたのほうから、改善策を提案するなり、もっともらしい言い訳を言い添えるなりを始めていけばいいんです。

ただし、ここで一番大切なことは、**小さな負けをいつまでも引きずらないこと。**

おっかなびっくりの態度で接していると、相手はそんなあなたの弱さを察知して、あなたの落ち度をしつこく追求してきます。「やっぱり全面的にあなたに負けを認めさせてやりたい」という気持ちが再燃してしまうんです。

小さな負けを認めたら、後は平然としていることです。

悪びれることなく、落ち着いて、ゆっくりと、冷静な態度で会話を進めていきましょう。たとえ小さな部分であれ、あなたは一旦相手に勝ちを譲ったのですから、それ以上相手の言うなりになる必要はないんです。

■しつこい相手に、しつこく返す

仮に相手がしつこくごねていても、そこで負けの範囲を拡大させるのは得策ではありません。ここであなたが腰砕けになっては、ここまでの苦労は水の泡。

あくまでも、

「その件に関しては、まことに申し訳ございません」

「僕の髪の毛じゃないけど、でも…」

と小さな部分に限って繰り返し負けを認めるにとどめましょう。

しつこい相手には、しつこくこれを繰り返し、要所要所でなだめていってください。はっきりいって、根比べです。

のらりくらりと相手の怒りをかわしつつ、**感情的な空気を極力排除して話を切り上げてしまう**のが最善の策と言えます。

がっぷり組まずに終わらせる

この「分散の戦術」は、小さな部分から少しずつ相手の心をほぐしていく戦法。広い意味で**「個別撃破」**とも言えるものです。

たとえば、ある地域にスーパーが新しく建つ、となると、商店街の人たちはこぞって反対しますよね。

相手の主張は「小さく分割」して対応

そこでスーパーの人が、一軒一軒、お店を訪ねていったりすることがあります。八百屋さんや酒屋さんなど、一つひとつを口説き落としていくと、「商店街」という集団は、少しずつ崩壊していきます。

「あの、うちはまぁ、スーパー来てもいいかな、と思うんですけど」

「なにっ⁉　裏切ったな三河屋⁉」

こんな中途半端にリアルなドラマが展開されるかは分からないのですが、大きな障害を前にしたら、**まずは小さいところから徐々に切り崩していく**、というのが戦いの基本。相手の「全部」とがっぷり組んではいけないのですね。

ですからみなさんも、たとえ敵から痛烈な先制パンチを浴びても、そこで即座に降参する必要はありません。

焦らずゆっくり、小さなところから徐々に相手に応戦していけば、きっと活路は見出されるものなのです。

SUPER METHOD 4

あと少し〝聞く〟だけでうまくいく「質問の戦術」

■■「聞き返すだけ」で、好感度が上がる⁉

そして、**「質問の戦術」**。これはシンプルに、**「どうしてそう思うの？」「なぜ、そう考えたの？」**というように、その理由などを掘り下げて聞くこと。

可能ならその前に、先の2つの戦術を一度は使っておくことが大切です。

それをしておかずにいきなり「質問」をすると、「質問を質問で返すなよ⁉」ということになってしまうからですね。

たとえば先のクレームなら、

あなた「そうですか。商品が動かなくなってしまったので、交換を望まれていらっしゃるということですね」

相　手「そうよ」

あなた「では、どうして壊れてしまったと思われたのですか？」

このように言えば、相手はさらに、

「あ、この人は聞いていてくれている」と感じ、あなたへの好感度を強めていくものです。

またあなたのほうから積極的に話を引き出すことで、「実はコードが入っていなかった」など、解決の手がかりを見つけられる可能性も出てきます。

訴えられる医者。訴えられない医者

あなたは**「訴えられる医者と、訴えられない医者」**の差をご存じでしょうか。

医学知識の豊富さ？

どれだけ熟練した技術を持っているか？

セクシーセクシー連発しないか？

いいえ。

もちろんそれらも重要だと思いますが、それ以上に大切な要素があったのです。

実は医療について研究しているウェンディ・レビンソンは、医者と患者の会話を何百件も録音し、「訴えられる医者と訴えられない医者」の、会話での差を調べました。

その結果、訴えられたことのない医者が1人の患者さんと会話をする時間は、平均18・3分。逆に訴えられたことのある医者は、平均して15分。

すなわち**訴えられたことのない医者は、約3分間、患者の話を長く聞いていた**ことが分かったのです。

話をよく聞いてくれる人というのは、誰にとっても好かれ、嬉しいものです。

実際、「あの医者のことは好きだけど、今回の治療のことで訴えましょう」ということは、ほとんどありません。

たいていは、「そもそもあの医者は話を聞いてくれない、イヤな医者だった。だから訴えよう」というほうがずっと多いのです。

もちろん、医療の技術は大切です。

しかしたとえ治療などをほぼカンペキに終えたとしても、

「無事に終わったから！」

と、説明もなく、患者さんの訴え様子を聞いてあげることもしなければ、大きな不安や不信感を残す結果になってしまうでしょう。

とにかく訴えられないためには、長く話すことこそが何より重大な要素だったのです。

反論する、その前に

もちろんこれは、医療現場以外でも同じ。

相手がしゃべり始めたら**「それで?」という質問を一度は挟むこと**。反論を一段階だけ先延ばしにすることです。

それは、ほんの少しだけの**「聞く時間の延長」**。

たった3分の違いで、訴えられるか訴えられないかに大きく明暗が分かれるのですから、聞く時間を1分延長するだけでも、大きな効果があるはずです。

それだけで相手は「聞いてもらえてる…」と感謝の気持ちを抱きますし、また、あなたも相手の主張を誤解したまま反論する危険も避けることができます。

よってまずは反論する前に、**「あと少しだけ聞く」**こと。

「『でも』の前に、あと少し聞いてあげる」だけで、相手との距離はグッと縮まっていくものです。

まずは「広い」質問からスタート！

その際、「どこで」「どんな」など、**「ど」で始まる質問をする**のがおすすめです。

「製品が使えなくなってから、どのぐらい経つのですか？」

「スイッチを押したらどんな反応をするのですか？」

こういう、「ど」で始まる質問は、相手の答えられる範囲が広いことから**オープンクエスチョン**と言います。

逆に、「はい」「いいえ」で答えられる質問を**クローズドクエスチョン**と言います。

オープンクエスチョンはクローズドクエスチョンに比べて、相手が少し考えなくてはいけません。少し考えさせることによって、相手の勢いを多少なりとも削ぐことができるわけです。

人間の気持ちは車みたいなもの。一度でも動けば後は惰性でも動きますが、一度ストップしてしまうと、またエンジンをかけるのは大変です。

質問攻めにすると、そんな水差しの効果が大きく期待できるんです。

洪水のように、質問を

プロローグでも説明しましたが、口論は、とにかく相手の流れを封じ込めてしまえば、こっちのもの。主張が正しいかどうかは、たいがい二の次なんです。

ですので、相手がペラペラしゃべり始めたら、あなたは何としてでも、まずはその流れを止めなければいけません。

そのためには**「なぜですか?」「どんなときにそう感じるんですか?」**と、短めの質問を投げかけてあげてください。短い質問なら、即座に差し挟むことができるはずです。

相手がひと通り話し終わり、オープンクエスチョンで答えられる内容がなくなったら、今度はクローズドクエスチョンを投げかけてあげましょう。

あなたが質問をする。

相手が「はい」「いいえ」で短く答える。

こういう流れになれば、**話の主導権は自然にあなたのほうに移ってしまいます。**

相手が興奮しているときに、焦りは禁物。

質問攻撃で、相手の怒りを静めつつ、徐々に主導権を奪い返す作戦をとってみましょう。

「どうして？」「どのくらい？」
「どんな？」…

SUPER METHOD 5

押し切られそうな流れになったら「延期の戦術」

相手を待たせて、優位に立つ

そして、さらに「延期の戦術」。

この方法はいたってシンプル。ただ単に「延期」するだけ。

相手の話に対して、とにかく即断を避け、「考えさせてください」と言うのです。

「今ここでは決められず…。すみません。考えさせてください」

「次まで考えてもいいでしょうか?」

「おっしゃること、本当によく分かります。ちょっと持ち帰ってもいいですか?」

延期のための言葉はこの際、何でも構いません。

大切なことは、とにかく即断しないことです。

ジョーンズによれば、これを行うだけで、反論の成功率は格段に上がるそうです。

実際に人は**「雰囲気にのまれてしまう」**ということがよくあります。

反論できない人の大半は、言い返せない雰囲気の中、相手の勢いについその場でうなずいてしまうもの。

そのため、いったんクーリングの時間をおいて、相手の主張や要求をじっくり冷静に考えてみることが大切なのです。

■■「時間」を味方につけてみよう

将棋で考えてみましょう。

プロの対戦は、ほとんどが「時間制」です。限られた時間内で、どれだけの手を考えることができるか。それこそがプロの腕の見せどころです。

裏を返せば、与えられた持ち時間を上手に使えるか否かが、勝負の分かれ道なわけです。

これはゲームやスポーツなどでも同じ。
たとえば試合の途中途中で**「時間をストップ」させて、じっくり考える**ことができたら、かなり有利になるはずです。

実際、バレーボールやバスケットなどの試合では、しょっちゅうタイムアウトをとって、監督が指示を出したりしていますよね。
戦況が不利な場合には、その場の空気をリセットして、もう一度戦術をみんなで確認し合って再スタートするのが効果的なんです。

どんなに勢いに押されている場合でも、「ストップ」することによって、冷静になり、戦況を立て直すことができるのです。
議論や交渉などでも、それを使わない手はありません。

たとえしつこく迫られても…

あなたが「延期」を申し出た場合、相手がしぶってその場で早急に結論を迫ってきても、そこはもうひと押し、してみてください。

その際には、「お話はとてもよく分かりました」と必ず一言添えること。相手はとりあえずは受け入れられていると感じて、少し安心するはず。「延期」についても、承諾してくれる確率は一気に高まります。

とにかくまずは、**「分かった」＋「延期」**です。

また断りたい場合も、一旦話を引きとって時間をおいてから、

「よく考えたんですけど、やっぱり…」

と切り出せば、その場ですぐに断るよりも好感度は上がり、説得力も増します。

「そちらの要望に適うように、できる限り努力をしてみたのですが、残念ながらご期待には沿えません」

というニュアンスが伝われば、後日、相手も一定の理解は示してくれるものです。

強引な相手ほど穴だらけ？

ゆっくりクールに考えてみれば、実は相手の主張も、たいしたことを言ってないことに気がつくことが多いもの。

この戦術は、自分の権威を振りかざして強引にコトを進めたがる相手には、特に有効なんです。

相手を急き立てたり、威圧したりする相手ほど、実は論理が破綻していたり、吹けば飛ぶようなレベルの話である場合がほとんどです。論理に自信がないからこそ、その場の勢いにまかせて力で乗り切ろうとするわけです。

実際、時間をおいて冷静に論理だけ切り出してみれば、驚くほど弱々しい相手に気がつくはずです。

日をあらためて、こちらからどんどん質問を浴びせ、あなたに有利な結論へとじりじり相手を追い込んでいきましょう。

SUPER METHOD 6

やりすぎはNG!「フィードバックの戦術」

ヒヤリとさせる、切り返し

フィードバックというのは、相手の状態を大きな目で評価して、その評価を再び相手に戻してあげる戦術のこと。

たとえば、

「今のあなたは、怒っている」

「声が高い」

「あなたはさっき、○○と言ってたけど…」

というように、広い意味で**相手の状態について口に出すことで**、相手に**「再確

認」させることを言います。
実際に議論のとき、案外、自分の状態というものは見えていないものです。

ここで、突然、目の前に鏡が置かれたらどうなるでしょうか。

または、カメラで録画した映像を見せられたらどうでしょうか。


ほとんどの人がハッとして、つい動作が止まってしまうのではないでしょうか。

また同時に気恥ずかしさを感じて、何も言えなくなってしまう人も多いはずです。


これを言葉で行うのが、**「フィードバック戦術」**です。

相手の「言い方」に焦点を絞る

では、具体的にどうすればいいのでしょうか？

ただ単に相手を表現すればいいというわけではありません。

「鼻毛出てますよ」

「息がくさいです」

「声がオタクっぽいですよね」

などのように言うのは火に油を注ぐだけです。

もっとシンプルかつ、批判的にとられないような言葉を使うことが重要です。


たとえばカンタンなのは、**「相手の言い方」**です。


「おっしゃることは分かりました。ただ、そんなに強い言い方をされなくても」

「確かに分かります。でも、そんなにいっぺんに言われてしまうと…」


このように、相手の言葉の内容そのものについては否定せず、側面から攻撃するわけです。

すると相手は、

「いや、強く言ってるつもりはないよ…」

「いや、少しずつ話すべきだったか…」

というように、気勢が削がれます。

加えて「そんな言い方して悪かったかな…」というように、少し悪い気持ちを抱いてしまうものです。

これによって相手の言葉に反撃する糸口が作れます。

その話し方、ダメ

また、

「ごめんなさい。ちょっと聞き取りにくくて…」

「すみません。もう少しゆっくり話してもらえませんでしょうか」

などのように、**間接的に相手の話し方を指摘する**のも有効です。

スピーチなどを思い描いてみればいいでしょう。

とにかく話すことに集中しているときに、「きみの話し方は…」と言われると、とたんにギクシャクして話しにくくなるはずです。

「フィードバック戦術」は禁断の技！　取り扱い注意

これによって、やはり反撃しやすくなります。

▪▪とはいえ、やりすぎは…

この方法は、まさに「別口」。
ですので、どんなに議論や論理の上で負けていても、必ず使える方法です。
まさに起死回生の方法として覚えておいてください。

負けそうになっても、とにかく「言い方」について言及する。
それが議論である限り、相手に対して批判的な言い方になっているのは当然です。
すなわち**「言い方」を問題にすれば、必ず反撃ができる**わけです。

もちろん使いすぎは「イヤなやつ」と思われるのでかえって危険です。
ですので、この戦術は本当に最低限必要な場合にのみ使用してください。

現実的なのは「延期の戦術」まで⁉

ここで整理をしておくと、現実的にみなさんにぜひ覚えておいてほしいのは、

①反射の戦術…相手の主張を要約して、「○○と言いたいんだね？」と話すこと。
②分散の戦術…相手の主張を小さく分割して、とにかくそこだけ認めること。
③質問の戦術…「どうしてそう思うの？」と聞くこと。
④延期の戦術…時間を延期すること。

の4つです。

大切なのは、言い負かすことではありません

この4つの戦術は、どれも相手を言い負かしたり、話をゴマかしたりするための方法でありません。

相手の主張を包み、怒りをやわらかくするための方法です。いわば最低限度の、リスクを抑えるための手法です。

プロローグでも言いましたが、他人に攻撃をすると多かれ少なかれあなたに返ってきます。

本書の目的は、あくまでもあなたが攻撃を受けないですむための、最低限のゲリラ戦法をお教えすることです。

あなたの悪口を言う相手。

それでもあなたの同僚なり同じ社会に属する人なのでしょう。

大切な関係を壊すのはたった一瞬でも、その後悔は、長い間あなたの気持ちに残ってしまうもの。

力に力をぶつけるのは簡単です。

でもそれは、何も生むことはありません。

ですので、たとえあなたが優位にあったとしても、ここで教えた手法は基本として忘れないでくださいね。

第3章

正面から反撃せずに「さりげなく水を差す」コツ

SUPER METHOD 1

まずは相手の「急所」を探ってみよう

こりない相手に、もうひと押し

さて前章では、「相手の攻撃をやわらげるテクニック」についてご説明いたしました。あなたの応戦の一言で相手の様子にわずかでも変化が現れれば、それは大きく一歩前進。相手の強引な態度や理不尽な言動に負けない素地ができてきたと言えます。

これが日常のやりとりの中で実感できるようになると、気持ちはずっとラクになります。強硬な相手でも、対処の仕方ひとつで突き崩せると分かれば、あとはこっちのもの。

今の受動的な人間関係を変えていくカギはあなた自身が握っている。と感じられれば、息苦しさも消え、次第に対人関係について自信を取り戻すこともできるはずです。

本章では、前章に出てきた戦術を応用した具体的な戦術をご紹介します。

相手を傷つけないことも大切ですが、あなたはご自身を守らねばなりません。

ただし、あなたがここから述べるような直接的な反論をすることで、お互いにしこりが残る恐れもあります。

ですので、ここで紹介する会話テクニックを使うのは必要最低限にしてください。

急所は相手の口から語られる!?

まず大切なのは、

悪口を言う人は**「自分が言われて一番ヘコむことを言っている」**

ということを知っておくことなのです。

悪口というのは、基本的に攻撃的なものです。

何を言っても相手が何の反応もしなければ、かえって言った本人が虚《むな》しくなるだけでしょう。

そして人は、自分と相手、無意識に同じ思考をしていると思うもの。

これを心理学では「投影」と言います。

すなわち、**攻撃心をムキダシにして相手に言う悪口は、自分自身が言われてもっとも傷つくもの**、ということになるのです。

たとえば、「最低！」という人は、無意識に自分自身が常にみんなより下ではないか…なんて不安を抱えている人です。大成功している企業家が、誰かを「最低」なんて言いません。

それでも、正面攻撃はしない

いずれにしても、人は誰でも不安を持っているもの。

そしてこの考え方さえ知っておけば、相手からどんな悪口を言われても、決して気にならないはず。

「あぁ、この人は、○○と言われるのが一番イヤなんだなぁ…。かわいそうに…」

そんなふうに考えてみれば、相手に対する憐みの気持ちが湧いてくるはず。

そうすれば、相対的に自分自身の気持ちがラクになってくるはずです。

ですので、相手の悪口で深く傷ついたのであれば、本当ならその悪口をそのまま返すのが一番効果的です。

「最低はどっちでしょうか?」

「死ぬべきはそっちですよ」

「バカ? そんな文書いてるほうがバカでしょう…?」

こう言われれば、相手はハラワタが煮えくりかえるはずです。

相手はあなたを攻撃することで、無意識のうちに、その急所を、あなたにも伝えているのです。たとえば、誰かに突然、自分のカサブタをハガされたら、痛いし、イヤでしょう。

しかし自分のカサブタを自分でハガすのなら、誰でも無意識についやってしまう行動のはずです。

人は相手の悪口を言うことで、同時にイメージの中で、自分の中のカサブタをハガしているのかもしれません。悪口は強いように見えて、その実もっとも悲しいことでもあるのです。

まぁ。そんなことをしても、なんら得ることはないんですが。

その後はどう考えても売り言葉に買い言葉。

火に油を注ぐことになります。

急所はサラリと撫でてみる

そこで、第2章で述べた**「質問の戦術」と併用して使う**ことになります。

「お前は、いつでものろまなやつだな」

「そうですか…。これは明日までにやっておきます。

(話題を変えて) **ところで、○○の件は終わりましたか?**」

相手への質問部分だけですと、あなたが嫌味を言っていることになり相手を怒らせ

「ところで、○○はどうですか？」
サラリと反撃

る可能性もあります。

しかし、この方法ならあなたは相手の悪口をハッキリ言ったわけではないので、相手はそのまま引き下がれば痛いところをつかれずにすむ。

つまり、相手に逃げ道を用意していることになります。

もともと、相手が先に言ってきたことでもあり、相手は気恥ずかしさから無意識に怒りにブレーキがかかるはずです。

ですので、もっとも相手が再反撃がしづらく、かつ効果的な戦術だと言えます。

ダメージは、静かに確実に…

この戦術はあなたが一時的に溜飲《りゅういん》を下げられるというだけでなく、次の日から相手はあなたを攻撃しづらくなることは間違いありません。

なぜなら、あなたを攻撃しようとするたびに、**あなたに急所を突かれそうになった記憶が頭をよぎる**からです。

人間は、ある行動によって嫌な思いをしたとき、同じ行動をしづらくなるものです。こういったことを**「強化」**と言います。

そしてこの「強化」は、たとえ「どうしてそうなったのかがよく分からなくても」起こります。つまり、あなたが「実は相手の急所を知っている」ことが相手に伝わらず、「偶然、その話題を提示された」場合でも効果があります。

ですので、あなたは「相手の急所だと分かってやっている」ことを示す必要はありませんし、そうすることは恨みを買うので賢明ではありません。

たとえば単純な話、ネズミがある迷路を通り抜けたときにエサを与えたとしましょう。

そうするとネズミにとってみれば、

「なんでこんなワケ分からん道を通っただけで、エサもらえるんだチュー！（ネズミ語）」

となるわけですが、それでもエサをもらうことは「正の強化」となって、それ以後ネズミは大急ぎで迷路を走るようになります。

また逆にある道を通ったときに「電流」を流した場合、ネズミは、「今までここ通っても大丈夫だったやんけ！　急にビリビリってラムちゃんかお前は！　理不尽やないかだチュー！（とってつけたようにネズミ語）」と考えているかもしれませんが、それでもとにかくその道を通らないようになるわけです。これは「負の強化」ですね。

繰り返しになりますが、**「たとえ理不尽だったり、理由がよく分からなかったりしても、『強化』には、その行動を変える力がある」**のです。

ですので、**「相手の言う悪口にかかわる事実を、質問形式で突いてみる」**ことが有効な攻撃方法と言えます。

SUPER METHOD 2

「ありえない」一言は、「ありのまま」に返せ！

ムキにならずに、大人の対応

わざわざ大声を出したり、あなたを傷つける言い方を選ぶ人間は、それをやられると「自分なら」言うことを聞くだろう。と考えてやっているわけです。ある意味、自分の幼児的なメンタリティを露呈しているわけです。

たとえば、あなたを
「てめえ、そんなことも分からねぇのか！　小学校からやり直せ！」
という上司がいたとしましょう。

こんなときに、彼を受け流して、幼稚園児に対するような気持ちで接するのも一つの方法です。

また、相手と同じように自分も「てめえ」と言うのも一つの手ですが、社会人で「てめえ」というのはありえませんので、現実的ではありません。

■■「間接話法」で繰り返す

簡単なのは、**「相手の言い方」を、間接的に表現すること**です。

返答の代わりに、その言葉を繰り返す。それが一番効果的です。

「『てめえ、そんなことも分からねぇのか』、ですか…」

「小学校から、ですか…」

第2章のフィードバックの戦術でも述べましたが、人は自分の状態を意識させられるだけで緊張してしまうと言われています。

それにより相手は、自分の言葉をテープレコーダーで聞かされたようになり、少しだけ恥ずかしくなってきます。

それと同じで、自分の暴言の愚かさに、気がつかされることになります。

相手は、

「そうだよ！　だから、なんだよ！」

と反応するかもしれませんが、それ以降、少しずつそういう言い方は減るはずです。

ぜひ一度、試してみてくださいね。

その言葉、そのままお返しするぜ!!

SUPER METHOD 3

話す気力をどんどん奪う会話ルールとは?

「無視する」以上の戦略を持て!

第1章でも述べましたが、あなたに悪口を言う相手はあなたの反応を見たくてやっている場合が多いものです。

ですので、**あなたの反応をあえて相手に見せない、つまり無視をするというのも一つの戦略**ではあります。つまり、相手の言う悪口に対しては、何のストロークも与えないこと。積極的な肯定や否定は、事態を悪化させるばかりです。

ただし、面と向かっている相手に攻撃されているのに無視する、というのはなかなか難しいのではないでしょうか。

会話の流れを止めるには？

心理学者である多湖輝《たごあきら》氏によると、

「相手の話を止めるには、スプーンやペンなどを落とすのがいい」のだそうです。

…………………………。

できるか、って話ですよね。

実際にぼくの先輩が試してみたことがあるのですが、落とすときに相手が彼の指に注目したものだから、**「わざと落とした」**というのがより濃厚に伝わってしまったようです。

それでも、気まずい空気と引き替えに、とりあえず話は止まったようです。

切ない。

切なすぎです。

ただ、言いたいことは分かります。

とにかくどんな形であっても、人は一旦会話が止まれば、なかなか話をまた続けるのは大変なものです。

実際に僕の先輩が、会話をしているときに、抜き打ちで実験をされたことがあります。

「そうですね、僕も…」

「しーーっ！　静かに！」

「!?」

「セミの声が聞こえた」

ものすごく話す気力が失われました。

論点をそらして相手をコースアウトさせる

第2章の質問の戦術でも言いましたが、人間の気持ちは車みたいなもの。

一度でも動けば後は惰性でも動きますが、**一度ストップしてしまうと、またエンジンをかけるのは大変**なものなのです。

「話す気力」を奪うのもひとつの戦略

だからこそ、たとえば『スプーンを落とす』などで止めるのも立派な作戦だと言えます。でもさすがに不自然なので、もっとシンプルな方法を提案いたします。

それは、やはり**「とにかく『質問』をすること」**。

まずは相手が話したら、とにかくそれに対して**「なるほど」「そうですね」**と受け入れること。これは何より大切です。

その上で、一にも二にも積極的に質問を投げかける。

第2章でも言ったように、話を広げる質問。すなわちオープンクエスチョンを投げかけるのがいいです。

質問は基本的に「相手の話が聞きたい」という意志につながるわけだから、それを聞いてイヤに感じる人はいません。

これによって、あなたが会話の主導権を握るわけです。

そして少しずつ主導権を握ってきたら、今度は**「話の終わりに関わる質問」**をすること。

「たとえば納期が遅れた」という文句を言われているのなら、

「申し訳ありません。それで、結局どういう形で決着をつけいただいたのでしょうか？」

というように、時間的にラスト近辺の質問をするわけです。

こうすれば相手はそれに答えざるをえませんし、無意識に話題を終了に近づけることができます。少なくとも、「配送を待っていた」という文句を延々と聞かれることはありません。

さらにその上でなら、「これからはこういったことがないように注意いたします。すみません」と、こちらから話題を切りやすくなるわけです。

車でたとえるなら、相手の車を強引に止めるわけではなく、少しずつコースアウトさせていくような感じです。

相手の望む、舗装された道から、少しずつ行き止まりの道に路線変更させるわけです。車は自然に進んでいるけれど、結果的に止まるしかありません。

SUPER METHOD 4

「あえて敬語」で相手の武装はユルくなる

敬語とフロイトの意外な関係

日本語には、英語などのほかの外国語以上に、敬語のバリエーションが多く存在しています。

あなたの周りに、何かを頼むときにすごく謙虚になる人はいませんか？

「お願いしますよ先輩！　一生恩に着ますから！」

「お願いいたします。どうかどうかもう少し待ってください！」

これは一体どうしてなのでしょうか。

もちろん、自分のほうが下であることを強調して、相手に優越感を持たせることで、頼み事を断りにくくさせている、という考えもアリでしょう。

でも、実はこんな見方もあります。


フロイトは、人間は自分の湧きあがる欲動に対して、10個の防衛本能をもって対処していると言いました。


その中の一つが、**「反動形成」**。

人はいっぺんに二つの相反する感情を持つことはできません。

すなわち、**「自分の欲求とちょうど逆の行為をする」**ことによって、その気持ちを打ち消そうとする反応です。


たとえば、どうしようもなく激しく誰かを憎く思ったとしましょう。

そんなときに、その人に対して、必要以上に丁寧に接してしまったりしたことはありませんか？

「丁寧かつ紳士的」という、ちょうど逆の反応で接することで、**自分の中の攻撃性を抑えようとしている**のです。

もっともっと分かりやすい例としては、「小学生の口ゲンカ」があります。

ケンカが激しくなればなるほど、

「さっき、そう言ーいーました！」

「言ってまーせーん！」


ああ、身につまされることったら、ありません。

■■「反動形成」を逆手にとると…？

だから頻繁に敬語を使う人たちは、それだけ**「その物事に対する執着や願望が強い」**と判断されます。

本当なら、「やってくれよ先輩！　どうしてもやってほしいんだよ!!」と言いたい激しい気持ちを抑えるためにも、過剰なまでに敬語を使っているわけです。

みなさんも、日常生活の中でそんな状況に出くわすことは多いはずです。朝令暮改の上司や、雑用を押し付けてくる同僚、締め切りを守らない部下など、一言モノ申してやりたいけどつい言いそびれてしまうことがあるでしょう。

そんなとき、自分の激しく高まる気持ちを逆手にとって利用していただきたいのが、この反動形式の戦術です。もちろん、口論の最中に取り入れてみるのもよいでしょう。

怒りや、激しい欲求を感じたら、即座に丁寧な言葉の装飾にくるんで相手にアプローチしていけばいいんです。

枕詞ひとつで、相手の心は動き出す

「俺みたいなヤツに言われても、違和感を感じるかも知れませんが」

反論をする枕詞に、こんな言い方をしてみましょう。

「うん」って言われる可能性もありますが、そういう可能性はほとんどありえません。

攻撃を仕掛けた側は優位に立っているわけですから、それをさらに優位にしようと思う気持ちは生じにくいのです。

自然、「そんなことないよ」という程度の低い姿勢に相手の立ち位置が変わります。

もしも相手が心底あなたを憎んで攻撃しているような場合は別ですが。


他人は、**「自分の言動によって、感情を変えてしまうもの」**。

すなわち、この会話の場合、敬語や丁寧な言葉を枕につけるだけで、高圧的な相手であっても、自然にあなたの立ち位置まで降りてきてくれるのです。


あなたと相手の立場はこれで、横一線。引け目を感じず、自分の言いたいことを堂々と述べていきましょう。

もちろん、相手にスキを与えないためには、必要以上にへりくだる必要はありません。しかしこのように**あえて戦略的にマイナス面を披露して、相手の気持ちを自分のほうに引き寄せる**、という作戦も、時には有効なのです。


まとめましょう。

フロイトの「反動形成」によって、自分の気持ちが強くなればなるほど、発する言葉は「敬語」的に、すなわち「自分のスタンスが低く」なるものです。

フロイトはそれをあまりいい心の動きだとはしませんでしたが、でも実は、それは上手に自己主張をしていくためには重要な方法。

引かれれば追いたくなり、押されれば引きたくなるのが人の気持ちですから、意図的に自分の「マイナス」を全面に出すことで、相手のあなたに対する気持ちを「プラス」に変えてしまいましょう。

それはまさに磁石のように、相手の心を引きつけるゲームなのです。

■相手は思わず、拍子抜け!?

このように、相手を動かしたいと思ったら、**自分からちょっと引いてみる作戦が効果的**です。

「貴重なご意見、本当にありがとうございました。とても参考になりました」

相手も、批判的な言い返しに「お礼」を言われるため、ちょっと拍子抜けするはず。

かえって恐縮するはずです。

それだけでも、**相手の攻勢を弱める効果が十分にある**はずです。

とにかく、いずれの場合も、押しの一手でぶつかっていく必要はありません。

相手を動かしたいと思ったら、表面上の言葉のやりとりより、水面下の心の動きに着目して揺さぶっていくのがポイントなんです。

SUPER METHOD 5

油断させておいて、いきなりラストスパート！

■ それでもダメなら、強行突破

以上は、相手との言葉の泥仕合を避け、あまり刺激することなく相手をうまく動かしていく戦術と言えるでしょう。

ただし、これらの反撃では相手の勢いが止まらない、口数でガンガン攻められて、あなたが窮地に立たされてしまう、ということもあるでしょう。そうなれば、もっと直接的な言葉の反撃で、あなたはご自分を守らねばなりません。

そんな場合の、強行突破の方法をこれからお教えいたします。

プロローグで紹介した「tit for tat」戦略ですが、相手に攻撃を仕掛けるのは相手に裏切られたときに一度だけ。それも相手のした裏切りと同等の攻撃。

そんなやり方で、たとえ口ゲンカに発展してもノックアウトされない反撃術についで見ていきたいと思います。

ヤクザの強さの秘密って？

突然ですが、あなたはヤクザの交渉術というものをご存じでしょうか。

ヤクザは、**いかに自分たちに落ち度があったとしても、「全面的に相手の言い分を認める」ことはしない**そうです。


たとえば他の組に対して、何らかの負い目があったとします。

この場合は、まずある程度謝罪しながら相手に言いたいように言わせるそうです。

そうすると相手は気が大きくなって、いろいろとポロポロ言わなくても言いことや、必要以上に相手のことを攻撃したりするものなのです。

さて、ここからが反撃。

それまで謝っていたほうが、

「なるほど。確かに今回の件でこちらの落ち度は認めます。しかし今の発言は聞き捨てなりません。いったいどういうことでしょうか？　これは○○ともとれるが、そうとっていいのでしょうか？」

というように、一つの言葉尻をとらえて、ガンガン攻め立てるわけです。

本来なら、10対0や9対1くらいで負けるはずの議論が、この巻き返しによって7対3や、6対4くらいの関係で終了させたりするそうです。

もちろん、この方法をそのまま使え、とは言いませんが、学ぶべきところもあるのではないでしょうか。

後半の追い上げで一気に大逆転！

このように、相手にあからさまに反論していく方法をとる場合は、特に焦りは禁物です。実際の口論のその場その場で、すぐに反撃のセリフを考える必要はありません。ヘタな反論は、かえって相手の気持ちを燃やすことになりかねないのです。

前章の、ネルソン・ジョーンズの戦術で紹介したように、相手から口論をふっかけられたら、**「相手の主張を要約してあげ」**、さらに**「小さく分けてそれを認めること」**。

ここからスタートしてみましょう。


「確かにそうですね」

「ええ。はい…」

まずは、相手に言いたいことをいろいろと言わせましょう。

そしてその中で、静かに反論の機会を探ること。


じっくりと一つひとつの言葉を観察して、矛盾点や言い過ぎな言葉を、確実に覚えていきましょう。場合によっては、メモを取っても構いません。


そして相手がいろいろと話し終えた段階で、

「そうですね。それは分かりました。ただ今の言葉の、○○という内容ですが…」

「はい。ただ、先ほどの言葉は、少しおかしくないですか？」

というように、**一気に反論していく**のです。

「今度はこっちのターンだ！」

相手は自分の言葉を話し終えた段階で、ある程度満足してしまうもの。

それだけで、何かを考えて話そうというエネルギーは、徐々にしぼんでしまいます。


そんなとき、あなたがいきなり反撃に転じてガンガン攻めると、相手は不意をつかれ、体制を立て直すのが難しくなります。手強い相手でも、後半に戦力を絞ってピンポイントで攻めていけば、戦術は格段に優勢になること間違いありません。

「人は完全な勝利を確信した瞬間、すぐ後ろに敗北が近づいている」ものなんです。

抵抗しないと、慣れてしまう!?

セリングマンという人、犬をオリの中に閉じ込めた上で電撃をかけっぱなしにするという実験をしました。

犬をオリの中に入れて、電流を流す。

犬は逃げられないから、ただ黙って電気を受けるしかない。

ふるふるふる…。ただ無力に震えながら、痛みに耐える犬。
想像するだけで、悲しくなりますね。

そして、その電流ショックを何回か繰り返した後に、オリの出口を開けてあげる。
するとその犬は、決して逃げようとしなくなってしまう。

これこそが、**「学習性無気力」**。
逃げ道もない。ただひたすら電流に耐え続けるしかない。
そういう事実を一度学習してしまうことで、気力がなくなってしまいます。
するとその犬は、カギが開いた後も逃げようとしなくなったのです。

人間もそれと同じ。
何かつらい体験を受けたときに、それを「受けっぱなし」にしておくと、実際に幸運のチャンスが目の前に現れたときも、**尻込みして行動を起こすことができなくなってしまいます。**

それは、突然自分が受けた不幸に対して、
「自分は能力がないからそれだけの不幸を受けてしまったんだ」といつのまにか気持ちがかわってしまうからです。

これを心理学用語で、「認知的不調和」と言います。

ですので、反撃して自分のことを守ることは、非常に大切です。

第4章

たちまち形勢が逆転する「絶妙な切り返し」術

SUPER METHOD 1

戦わずに思い通りに相手を動かすには？

味方につければ、ノーリスク！

前章では、「こりない相手にある程度明確に決別の意を伝えていく強気なやり方」について紹介しました。

とはいえ、相手は多かれ少なかれ反発を覚えるもの。あなただって、多少の後味の悪さは残るものです。

前にも言いましたが、**あなたの幸せの量は周囲に与えた幸せの総量とイコール**です。

あなたが10の力で8の力の相手をどんなにうまくやりこめても、結局のところ、あなたに2か3ぐらいの揺り戻しがやってくる可能性はあります。

でも、相手を味方にすれば10と8を合わせて18の力になりますね。本当はそっちのほうがずっといいんです。

悪口・批判好きな人は、実は…

ここで少し考えてみてほしいんです。人はなぜ他人を攻撃するのか。
それは強く出ないと自分の存在が相手に軽んじられると思うからです。

誰かを攻撃する。それにより**「自分の価値を再確認したい」**という欲求が裏にあるわけです。攻撃しないと自分の価値が傷つくと考えてしまう、その人の弱さとも言えます。

たとえばあなたに威張り散らす上司がいたとします。
高圧的な態度をとるのは、心理手法の中の一つ、「ハロー効果（後光効果）」の応用でしょう。当然ですが、権威・権力・財産などの社会的な力を持っている人間には、誰もが歯向かいにくくなるものです。

その上司は、わざと高圧的な話し方をすることで、その権力をあなたに対して強く意識させようとしているのです。

「俺はエラいんだから、それを忘れるなよ…?」

こんな無言の圧力なわけですね。

ある意味、セクシーな女性が、わざわざ身体のラインを強調した服やミニスカをはいたりして誇示しようとするにも似ています。隠してしまってはもったいないと考えているのでしょう。

でも裏を返せば、それは**「自分自身への自信のなさ」**を表しているとも言えます。

なぜなら、武器を最大限に誇張することでしか自分を守れないと認識しているからそういう行動に出ているとも読めるからです。

そのことを逆手にとった、最高の心理術をお教えします。

■とにかく褒めれば、態度は軟化

僕がすすめる一番の方法は、**「とにかく褒めてあげること」**。

容姿、能力、服装など、立場以外のものなら、なんでも構いません。相手はそれらの部分に自信がないからこそ、その褒め言葉は格段に心の中に染み入るはずです。

これらを繰り返していけば、相手の中に確実に**「これだけ褒められると、なんだか悪いな…」**という気持ちが湧いてきます。

また「今より高圧的な態度に出て委縮させてしまうと、これ以上褒めてもらえない…」と無意識のうちに感じ、次第にあなたに対する態度を軟化させてくるはずです。

さらに褒め言葉がヒットしていけば、

「なんかお返しに、頼みでも聞いてやるか…」

と思ってしまう可能性も大です。

褒め言葉は、上手下手なんて関係ありません。

「○○部長に仕事を教えていただき本当によかったです」


それはどんな言葉でも構わないのです。


もし言いにくかったら、同僚にでも友達にでも、「練習」をしておきましょう。

褒めるのは、プレゼントをあげるのと同じ。相手も喜び、自分の気持ちも前向きになってくるはずです。

あとは上手にお願いするだけ

さらにさらに。褒められたことで攻撃できなくなった相手をうまく動かす。

将棋で言えば、自分の手駒にする方法を一つ。

それは、相手に**やってほしいことを「前提とした」質問を投げかける**こと。


たとえば仕事で大失敗し、上司に対処法を出せと詰め寄られた場合。

「〇〇さん、僕の力不足で誠に申し訳ありません」**（謝罪）**
「〇〇さんはいつも要点を押さえて話されるので、聞いてて分かりやすいです」**（褒め）**
「どうかお教えいただけますでしょうか」**（お願い）**
「今回のクレームへの対処、一体どのようにしたらよろしいのでしょうか？」**（質問）**
「どのように対処したらいいのか？」と投げかけてしまうことで、対処法の判断を上司にゆだねてしまうところがポイントです。
この先たとえ取引先との関係がさらにこじれても、上司の責任という流れができあがることになります。
もちろん、上司は通常それを避けたがるものでしょう。
しかし、人間は褒められると気持ちがゆるみ、「簡単に責任を負ってはいけない」という**理性のカバーが外れます**。
そしてさらに褒められた嬉しさから、「自分も相手のことを助けなくては」という気持ちがはたらくのです。これを**「同調効果」**と呼びます。

また、「どのように？」というあいまいなものよりも、**2択の問い**が効果的です。

「おわびをしたらいいのでしょうか、それとも先方の言い分通り値段を下げましょうか？」

のように、答えやすい問いを投げれば、相手は見事にあなたの術中にはまってくれます。

いい気分になった相手は、わざわざ「いや、それは君が考えたまえ！」と、あなたの依頼を突っぱねることはできなくなってしまいます。

惜しみなく、愛を

まとめるなら、

「まず相手に愛を与える！　そしてその後に、2択などで解答を細かく提示する！」

これこそが**スーパーメソッド『ラブ・アンド・ピース』**！

ピースはチョキですから、「2」択ですよ？

相手の心をほぐしたら、すかさず答えやすい質問へと相手を導いてあげてください。

この2重のワナによって、相手の気持ちは少しずつあなたのほうに傾いてくるはず。

そしてもし相手があなたの思い通りに動いてくれたのなら、心の底からの笑顔をあげてください。


気難しい相手を変えるのは、子育てと一緒。

焦らず少しずつ、二人の間に友好ムードを育んでいきましょう。

愛の大盤振る舞い

SUPER METHOD 2

みんなの力を借りれば、強くなる！

線の長さの、クイズです

10の力で8の力を持つ相手を屈すれば自分に被害が出ます。しかし、自分の力が30なら相手は最初から反発しようとは考えません。今回お教えするのはそんなやり方です。

さて、心理学者アッシュは、こんな実験を行いました。

問題　Xと同じ長さなのは、ABCのどれか？

X………………………

A…………………………

B……………………………

C…………………

もちろん、この答えはBです。

ここまでは誰でも分かりますね。

今回、17人の被験者の中に、たった1人だけサクラが紛れ込んでいます。

残り16人は、本物の被験者です。

こんな場合に、その1人のサクラが、とにかくわざと答えを間違えます。

問題は簡単な内容なので、間違え続けるのはもちろん彼1人。

すると、どうなったと思いますか？

たった1人は、孤立する！

その変化は、とても分かりやすく、そして残酷でした。

最初のうちは、特に目立った反応はありませんでした。

しかし間違い続けると、少しずつ「ぷっ」「クスクス」というような声が響き始めたのです。そしてさらに間違い続けると、笑い声はだんだんに大きくなりました。

「何あいつ～?」

というような目を向け始める人も増えました。

まさに全員で、その1人のことをバカにし始めたのです。


これこそ、そのまま「いじめの心理」。

1人だけ浮いている被験者を、全員でバカにしているわけです。

でも人数が、増えると…?

しかし、ここからがこの実験の真骨頂。

ここでアッシュは、サクラを3人に増やしました。

すなわち17人中3人が、引き続き、ひたすら間違いの答えを続けたのです。

すると…。

今度は1人のときのような反応はなく、残りの被験者全員が、真面目にその3人の答えに耳を傾けるようになったのです。

「そう言われると…」

「ふーん」

というように、その答えを尊重するような反応も見られたのです。

まさに3人いれば、1つの勢力。

誰もがバカにはしなくなったわけですね。

■■「みなさん、そうおっしゃってます」

このことから、あなたが攻撃されないための方法としては、「共感者」をできれば2人は作っておくことが大切。まずはそのことを頭に入れておいてください。

そして、相手に反論したいときなどは、他の誰かがそのことで何か言ってなかったかを記憶から検索しましょう。

気心の知れた人に、事前にそれとなく話を振ってみるのもいいかも知れません。

そして自分と同じような意見を言っている人が見つかったら、**「○○さんもそうおっしゃってます」**と言いましょう。なるべく集団の中で責任のある人のほうがいいです。

そう言われれば相手は、あなたと議論することなく「じゃあ、正しいかもな」と考えてくれるわけです。

2人以上が賛成してくれた場合には、**「みなさんそう言っています」**と言うのもアリです。「みなさん」というあいまいな言葉なのですが、それだけに確かめようもなく、大勢がそう考えているような印象を与えることができるので、効果は大きいでしょう。

3本だけの、スーパーメソッド

よって今回の話をまとめるなら、**普段から共感者を作るよう心がけること**。2人ぐらいいるのが望ましいです。そのためには周囲とのコミュニケーションを円滑にしておくのがポイントです。

「そして、こちらが賛同者のみなさんです」

その上で、共感者が出てくれたら「○○さんも言ってますが」と引用すること。

これこそが**スーパーメソッド『3本の矢』**！

1本の矢では弱くても、3本になると、決して簡単には折れません。

他人があなたの言い分を支持しているということになれば、心理的に相手は引け目を感じるものです。

また、この言い方のいいところは、「他人が言ってる」という形をとるので、相手はあなたに負かされたとは感じにくいもの。

その結果、意地を張ったりせずに、素直に受けとめてくれる確率が高まります。

周囲を追い風にしてさりげなく言ってしまうほうが、強引に相手を言い負かそうと食い下がるより数段スマートなやり方なのです。

SUPER METHOD 3

イヤミな一言には「無邪気に」切り返す

こんな皮肉にどう答える？

「きみってよく、カメみたいだって言われない？」

あなたはこんなふうに、ちょっとイラっと来る皮肉を言われました。

さてこんなとき、どうするのが一番でしょうか？

①「人のこと言えるんですか？」

②「ごめんなさい…」

③「どういう意味でしょうか？」

④無言のまま、反論しない。

あなたの答えを選んでくださいね。
では、解説です。
実際にこの問題のように、やや「皮肉っぽい悪口」を言ってくる人は多いもの。
さすがにハッキリ言うのは、カドが立つと思っているのでしょう。
そのために「カメみたい」などとあえてボカしてくるわけです。

それに言われたほうは、「どういう意味だろう…。まさか…⁉」というように、自分で考えることになります。これを**「自己説得効果」**と言います。
このように自分で考えて答えを出すことで、ハッキリ悪口を言われるより、ずっと強く心に響いてしまうのです。

ですのでこんなときに、
④無言のまま、反論しない。
というようなのは、一番ダメ。
その言葉を何度も心の中で反芻《はんすう》することになってしまいます。

だからといって、

①「人のこと言えるんですか？」

と反撃するのも、あまりいい答えではありません。

挑発に乗って売り言葉に買い言葉。後から後悔する可能性だってあるでしょう。

もちろん、

②「ごめんなさい…」

というように言うのも、あまりよくありません。

「あ、こいつは反論しないんだ」と思って、相手はさらにいろいろ言ってくることでしょう。

■「どういう意味？」と聞いてしまえ

実は心理学者であるバルバラ・ベルクハンは、グサッとくる一言に対して、どう反応すべきかについて、こんな方法を述べています。

「もしヒドい言葉を投げかけられたら、**『どういう意味？』**と聞いてしまえ」

実際に「言葉の意味を考え、理解をする」というのは、労力のいることです。

悪口を言う相手のために、あなた自身がそんな労力を使う必要はありません。

「…あ、なんかマイナスっぽいことを言っているな…」

と思ったら、考えるのをストップ。

言葉の内容を考えるまでもなく、相手の口調や雰囲気から感じられるはずです。


そして「何を言っているのか分からない」と自分に言い聞かせながら、

「え、どういう意味ですか？」

と聞いてしまうことです。


言った相手は、発言した手前、それをさらに説明しなくてはならなくなります。

実際に、何かを分かりやすく説明するというのは、かなり大変なこと。

それだけでも、相手の気勢は削がれます。

さらに当然ですが、説明すると「ハッキリとした悪口」になってしまいます。

それを言う勇気がないからこそ、ボカしているわけで、相手は必ずとまどうわけです。

ほぼ必ず、

「…いや、もう、いいよ…」

と及び腰になるはず。

そして、その後に同じことを繰り返す可能性はなくなるでしょう。

たまに、

「いや、そういう意味だよ」や、

「自分で考えれば?」と言う人もいますが、その場合もう一度、

「ごめんなさい。だから、分からないので、教えてください」

と言えばいいでしょう。相手は音を上げます。

すなわち正解は、
③「どういう意味でしょうか?」
となります。

セクハラにも有効！

これは、セクハラ発言の場合でも使えます。

「○○くん、最近、夜の調子ってどうなの？」

これに対しても、同じように、

「え、どういう意味ですか？」と言うこと。

こう聞かれて、ハッキリ言える人はいないでしょう。いたら勇者です。

ハッキリ言われたとしても、

「まさか職場でそんなことを言うはずがないから、意味が分からない」

というフリをして、「どういう意味でしょう…？」を繰り返せばいいのです。

また、**「分かってしまっているので、分からないフリができない」**などと生真面目になる必要は一切ありません。

気にせず、「どういう意味でしょう？」と言えばいいのです。

イヤミな相手には「説明」させよう

相手は「これは、怒ってる…！」と気がつくはず。

自分で気がつくわけですから、これも同じ**「自己説得効果」**です。

怒らせたことがジワッと分かるわけで、それ以上言いにくくなるはずです。

ちなみにこれ、女性もそうなのですが、それ以上に男性に覚えておいてほしいテクでもあります。

男性は、女性の言葉を、つい攻撃的にとらえてしまうもの。

そしてそれを知らずに、女性が無意識にハートに刺さる言葉を言うこともあります。

そんなときも、同じく、「どういう意味…？」と聞きましょう。

相手はあらためて自分の言葉について考え、無意味に傷つける言い方をしなくなるはず。

またその「意味」を説明してもらうことで、実は攻撃しているのではなく、相手が不当に伝えたいことを理解するきっかけになることだってあるのです。

SUPER METHOD 4

知識自慢のあの人をしどろもどろにする方法

「そんなことも知らないの?」

この情報あふれる現代社会。**「何かを知らない」**ということは、恐ろしいほどに分かりやすい攻撃材料。たとえば想像してみてください。

あなたが病院にかかっていて、あるとき別の医者に変えたとします。

そんなとき、今までに飲んでいた薬の名前を言い、「何の薬か知っていますか?」と聞いたとしましょう。

このとき、その医者が「分からない」と言ったとします。

その瞬間、あなたはそのドクターに対して、心の中で、

「この医者、大丈夫…？」と思うのではないでしょうか。

こういうのは、専門職に限りません。

たとえばあなたの友達が、

「北海道って、どこにあるの？」

「アメリカの首都って、イギリス？」

と言ったらどうでしょうか？


その人がよっぽど美形だったら「かわいいとこもあるんだなぁ」くらいに思うかもしれませんが、たいていは、つい蔑《さげす》んでしまうはずです。

「何かを知らない」というのは、恐ろしいほどに、その本人のイメージを下げ、周りの人に強いマイナスの気持ちを起こさせるのです。

たった1つが、すべてを変える

ただ、ちょっと考えてみましょう。

「知らない」というのは、そんなにダメなことなんでしょうか？

たとえば今の日本の首相がイチローを知らなくても、純粋に政治に関する能力とは関係ないはずです。

また医者だって、すべての薬の名前を知っているわけではありません。

特に自分の専門以外の分野なら、知らないことも多くて当然です。


でも。

決してそうは考えられないのが、人間というものです。


前述したとおり、心理学では**「連合の法則」**というものがあります。

1個でもいい面や悪い面が見つかると、他の部分も、すべて同じイメージで染まってしまうことを言います。別名、**「坊主憎けりゃ袈裟《けさ》まで憎い」の法則**。

または、「あのグループの一人が麻薬所持で捕まると、グループ全体のイメージまで何か微妙に」の法則です。

これは、知識についても同じ。

「この程度の知識を知らないということは、この人の知的レベルは相当低いということ…？　そうすると、何をやらせてもダメなのでは…!?」

そんなふうに考えて、**相手の評価をものすごく下げてしまう**わけです。

人間の心理は、時として、恐ろしいほど大雑把。

でも、短い一生の中、すべてのことを客観的かつ正確に判断している時間なんて、人間にはありません。

その中で精一杯身につけたのが、この「大雑把な判断」という能力なのかもしれません。

その攻撃に勝つ魔法とは？

これらの理由から、人は相手が「知らない」ときに、相手をものすごく見くびります。そして同時に、**「え、そんなことも知らない？」**と言われたときに、その心理を無意識に感じているからこそ、恐ろしく強い劣等感を抱きます。

たとえば会議で、ある人の企画を落とすのは簡単です。

「きみ、その企画はいいが、わが社の予算（or 規模 or ターゲット or 何でも）については知っているのかね？」

「…し、知りません…」

「そんなことも知らないで、こんな企画を考えたのか⁉」


実際はその企画とその知識については直接の関連性がなかったとしても、これだけで「知らない」と言った本人は恐ろしくシュンとしてしまいますし、周りの人も、「確かにそうだ…」と思ってしまうものです。


また、あなたが誰かを好きになって、告白したとします。

すると相手が、こう言いました。

「あなた、私の好きな色、知ってる？」

「…え？」

「ほら、好きになったって言っても、あなたはまだ私のこと、よく知らないでしょ？」

こう言われたら、たいていの人が、沈黙してしまうはずです。

うん。

なんだか心のキズが、キリキリと。

実際にはそんなことを知らなくても、好きと思う気持ちには、何ら直接的な関わりはないはずです。しかし、告白したほうが、つい「た、確かにそう言われてみると……」と思ってしまうのも事実です。

この「知らないの？」という言葉は、この現代において、最大級に強烈な攻撃魔法なのです。

では、この強大な攻撃をはねのけるためには、どうしたらいいのでしょうか⁉

■■「教えて！」と言ってしまえ

というわけで、防御魔法は、たった一つ。

「教えて！」と言ってしまうこと。

間違っても、「知らない」で話を止めないこと。

「ない」という否定語は、自分で自分のテンションを大きく下げることになります。

大切なのは、「知っている」「知らない」という二者択一から一歩進んで、**「教えてほしい」というお願いに話題をシフトする**ことです。

誰でも、他人の知らない何かを教えてやるという行為は、何よりも強い快感です。特にそれが常識とも言える知識なら、なおさら。

たいした知識ではないと思っている分、「教えて」と言われ、尊敬のまなざしで見つめられながら話すのはとても嬉しいモノです。

人は気分が良くなれば、相手のことも、親近感をもって見てくれるもの。これも一種の「連合の法則」です。あなたに勝手に好感を抱いてくれるわけです。

とにかく「知らないの?」という攻撃セリフ(魔法)への最大の防御のセリフ(魔法)は、「教えて!」と言うことを覚えておいてください。

■「聞いたことは、今、ある」

もしいきなり「教えて」というのにためらいがあるなら、**「聞いたことはあるけど、詳しくは知らないんだ。教えて?」**と言うこと。

「聞いたことはある」のは、今この瞬間聞いたわけですから、決してウソではありません。「詳しくは知らない」のも、間違ってません。

まぁ、本当はカンタンにも知らないわけですが、いずれにしても、「詳しく知らない」のも本当です。

とにかく前置きは軽くすませて、「教えて」を主題に置くことが大切です。

■賞讃こそが、とどめの一撃

そして相手に教えてもらったら、

「すごいね! よく知ってるね!」と、純粋に感動したような言い方をしてみましょう。


相手は「そ…そう?」と思うはず。

人間は誰でも、相手より優れていたいという願望があります。

特に相手に対して「知らないの?」という人間は、その欲求を満たしたくてたまらないと思っています。


ここで褒められることでその欲求が満たされるわけですので、それ以上相手を攻撃しようとは思わなくなるはずです。

しつこい人には、連続技で

しかし。

それにもかかわらず、「常識だよ? 本当に知らなかったの?」的な、ネチネチした言い方をする人間もいるでしょう。

これはもう、反撃してOKです。

「教えて？」でいろいろと聞いているときに、「そうなんだぁ。だったら、この場合は？」「このときは？」というように、**連発して**質問を続けましょう。

相　手「えっ⁉　憲法9条を知らないの？」
あなた「どんなのだっけ…？　教えて？」
相　手「戦争の放棄でしょー？　知らないの？」
あなた「そっかぁ。よく知ってるね。ちなみに憲法って何条まであるの？」
相　手「…え？　それはちょっと…」
あなた「じゃ、9条以外には、どんなのがあるの？」
相　手「…え、それはよく…分からない…」
あなた「そっかぁ」

このように質問をしていけば、**いつか相手のほうが「知らない」状態になります。**
すなわち無意識に攻守が逆転するわけです。

子供のように無邪気な顔をしつつ、質問攻め。

ジワジワと相手の首を絞めあげてしまいましょう。

■■冷たく切り返されたら、さらに反撃

また同じように、「教えて？」に対して、

「自分で調べれば？」と冷たく言ってのける人も、時々います。

ムカっときますね。こんなときは、こう言いましょう。

「分かった。何に載ってる？」

他にも、「誰かに聞けば？」と言われたなら、

「誰に聞けば分かるものなの？」

こんなふうに、やはり質問をしてみましょう。

やはりこれも「知らないの？」な状態になるはずですので、相手との関係がいずれは逆転してしまうはずです。

■■たとえ足を引っ張られても…

これは前半の職場での例でも同じ。

「きみ、その企画はいいが、わが社の予算は知っているのかね？」

と聞いてくる上司。前向きに話を進めようとするあなたの足を引っ張るわけです。

しかしこういう人には、

「詳しくは存じ上げません。よろしければ、お教えいただけませんでしょうか？」

と言えば、相手は話を振った手前、言わざるをえません。

すると、いつのまにか試されているのが上司側になります。

また、この至極真っ当な返答に、相手の焦りは倍増するはずです。

上司であれば、部下の知識不足を笑うどころか、あなたに知識を授けてサポートする側に回らねばならない、という立場を思い出さずにはいられません。

批判はともかく、そこから前向きに仕事を進めていく気があるのかないのか、というより高いレベルの問いで相手にやり返してやりましょう。

つまりこの場合、「知識があるかないか」というちっぽけな論点を、そこから「前に進む気持ちがあるかないか」というより大きなものにすり替えるだけで、立場は一瞬にして逆転してしまうのです。

周囲の人から見ても、あなたの大人びた返答に比べて、上司の攻撃はとても子供じみて感じられるはずです。たまには一泡ふかせてみても、バチはあたらないはずです。

SUPER METHOD 5

「ダブル・バインド」の魔法をかけてソフトに脅す

相手が困惑する「2つのメッセージ」

突然ですがみなさんは**「ダブル・バインド」**という言葉をご存知でしょうか。

生物学者かつ精神医学者であるベイトソンによって提唱された理論で、日本語で言うなら「二重拘束説」。

もっとカンタンに言うなら**「二重に縛る」**という意味です。

なんだかSMチックな言葉です。

ですので、ちょびっとその路線でたとえてみましょう。

たとえばみなさんがSMクラブに行ったときに（ここまで日常性が希薄な「たとえ

ば」も珍しいと思います）、女王様が、

「私がムチで叩いてあげるから、あなたは私にロウソクをたらしなさい！」

って言ったら、どう思うでしょうか。

「へ？　僕はS？　M？　どっちやればいいの？」

と、ほとんどの人が混乱してしまうでしょう。


他にもこんな場合を考えてみてください。

たとえばあなたが、「この仕事をやったら1万円あげる」と言われたとしましょう。

こんなときは、

「じゃあ、やります」「その額じゃイヤです」

というように、すぐに態度を決められます。

また逆に、「この仕事をやったら殴る」と言われたら、

「それほど言うなら、やらないよ」

と、同じように自分の意思をハッキリと決めることができるでしょう。

しかし、

「この仕事をやったら1万円あげる。でも殴る」

と言われたら、どうしていいのか分からなくなるのではないでしょうか。

これこそがズバリ、「ダブル・バインド」。

人間は、相反する2つのメッセージを一度に発せられると、強い緊張を感じます。

そしてその結果、**「この人の真意は何なんだろう…」**と、相手の行動が気になって仕方がなくなります。

とっても怖い、笑顔って?

またこれは普段の恋愛場面を想像してみてもいいでしょう。

完全に浮気をしていたのがバレてしまった。どう考えても怒られる…。

そんなふうにビクビクしているとき、相手がにこやかに笑っていたらどうでしょう。

男性「怒ってる?」
女性**「怒ってないよ」(ニコリ)**

めっちゃ相手のことが怖くなりませんか？

そして同時に気になって気になって仕方なくなりませんか？

男性「え？　え？　怒ってるでしょう？　どうしたの!?」

その結果、単純に怒るよりも、相手は不気味に感じ「マズい…。もう二度としないでおこう…」と感じるはずです。

ダブル・バインドで分裂病が!?

さてそう考えると、ダブル・バインドは莫大な効果がある最強のテクニックと言えるでしょう。

実際にベイトソンは、このダブル・バインドが、精神分裂病の発症に関連しているのではないか、という説を考えました。

たとえば小さな子供のために、母親が二着の服を買ってきたとします。

「ほら、どっちでも好きなほうを着なさい」

そう言われた子供は、とりあえず喜びながら片方を着ようとします。

するとその瞬間、母親はこう言います。

「へぇ…。もう一着のほう、嫌いなの…」

うわ、怖。

今想像しただけで僕自身怖いのですから、子供の恐怖はかなりのものです。

「好きなほうを選んでいい」と言われたからそれに従って選んだのにもかかわらず、それでも怒られるという矛盾。

その結果、子供はどうしていいか分からなくなってしまいます。

他にも例があります。

「勉強しなさい！」と今までうるさく言ってきたお母さんが、あるとき子供に言います。

「今日は何でも好きなことをしていいのよ?」

ここで子供が、もし遊んだとしましょう。

するとお母さんがこう言うのです。

「へぇ…。それがあなたの好きなコトなのね…?」

逆に子供が勉強をしたとしましょう。

するとやはり、お母さんは言います。

「好きなことをしていいって言っているでしょう⁉」

いずれにしても、何もできなくなってしまう子供。結果、常に母親の顔色をうかがい続けることになります。

すなわち母親がこんな育て方を繰り返した場合、子どもは精神的に不安定になり、将来的に精神的な疾患につながるのではないかと、ベイトソンは考えたのです。

いつもと違う、ちょっとしたスパイス

これは職場でのやりとりでも同じです。

上司があまりにも理不尽な要求をしてきたら、本気で頭を抱えて悩んだポーズをとりながら、

「分かりました。もちろんそのようにさせていただきます」(ニコリ)

これだけで、相手は少なからず動揺を抱くはずです。

あなたの悩んだような表情から、抵抗や反論などを予想していたにもかかわらず、笑顔で受け入れられると、かえって「大丈夫だろうか…」と不安になってしまいます。

よって今回の話をまとめるなら、

「相手の気持ちをぐらつかせたければ、＋と－の感情をセットにして見せてみること！」

これこそがスーパーメソッド『プラスマイナス・スパイス』！

高校で習った、あの構文も…

余談ですが、僕が学生のころ、ヨーロッパを列車で旅行していたときの話です。

ヨーロッパの長距離列車って、基本的に4つの席が1つのボックスになっています。

そのうち1つの席に座っていたところ、美人の女性が来て、目の前の空いた席を指しながら言いました。

「ドゥユー●×◆△？」

ニコリ

みたいな。
僕のヒアリング力のあまりの低さから全部を聞き取ることはできませんでしたが、
でも、イスを指して話していること、そしてその雰囲気からして、
「座ってもイイ?」くらいなことを言っているに違いありません。
というか、それ以外考えられません。
いや、まぁ。
「この席に座りつつ、あなたに足をからめてもいい?」
みたいな夢のようなことを言っている可能性もゼロではないでしょう。

どっちにしても、断る理由はナッシングです。
僕はとにかく「もちろんOKですよ!　座っていいですよ!」という気持ちを込めて、「イエス!」と言いました。

その瞬間です。
彼女はものすごく怪訝《けげん》な顔をして、僕を数秒見つめました。
そしてそのまま、眉をひそめて去っていったのです。

…………。

えー！

いや、リアクション的にはゾクゾクしましたが、それでも、予想外の事態に「えーー！」ですよ。

なんで⁉　なんで⁉

そこで、その後よくよく考えて、気がつきました。

彼女が言っていたセリフは、おそらく、

「Do you mind if I sit here?」

というような内容だったんだと思います。

日本語にするなら、

「私がここに座ったら、気にしますか？」みたいな。

すると理想的な答えは、「No,I don't mind.」でしょうか。
「いいえ、気にしません。どうぞ」というような。
しかし僕の答えは、にこやかに「イエス！」

「はい！　気にします！」

もう、満面の笑みで。
いったいどれだけ矛盾しているのか。

うん。
自分の妙に大きな声が憎いです。
そんなわけで、心理学的に考えるまでもなく、矛盾した自分自身の存在を感じました。
…何よりヒアリング力を鍛えないと。

第5章

反撃術を身につけた「その先」にある、大切なこと

SUPER METHOD 1

自信がついても「深追い」は、絶対に禁物！

ちょっと強くなったからって…

前章までは、強者の相手に抵抗するための様々な反撃術について伝授いたしました。試しに実践してみたところ、「そこそこ手応えを感じている」という人もいるはずです。

でも、大切なのは、ここからです。

あなたがどんなに戦い慣れてきたからといって、相手をコテンパンにやっつけてしまってもいい、というわけではないのです。**過剰に復讐心を燃やして、「相手をとことん痛めつけてやる」なんて欲張った考えは持たないこと**です。

なぜなら、あなたが相手を追いつめれば追いつめるほど、必ず新たな攻撃のきっかけを相手に与えてしまうことになるからです。

相手の逃げ場を、考えろ！

心理学では、「防衛機制」というものがあります。

人はストレスを抱えたとき、何らかの形でそれを解消しようとするわけです。


たとえばミスを指摘された場合、人はものすごくマイナスな気持ちになります。

その際に、この**マイナスの気持ちがどこに向かうか**が問題です。

もちろん、うまく改善する方向に向かえばいいのですが、それができる人は非常にマレ。かなり高確率で**「指摘した人」に向かう**恐れがあります。


理不尽ではありますが、それが人の心理です。

ストレスを自分だけが抱えているのは、とてもつらいこと。

人間心理の必死の防御反応なのですね。

ミスを指摘されると、たとえば人はこんな考えになります。

「みんなの前で、あんなことを指摘なんてして……！」
「そんな言い方しなくたっていいじゃない」
「確かに悪いことは分かるけど、そんなのわざわざ言う必要ないのに」

こんなふうに、指摘した人を強引に「悪者」にしたてあげて、そのままストレスをぶつけることだってあるでしょう。いうなれば開き直りです。

これと同じように、あなたが相手にあまりに手厳しく反撃をしてしまうと、相手はとにかく全力であなたに猛攻撃を仕掛けてくる可能性がありますので、要注意です。

■■子供だって、開き直ってしまう!?

開き直りで思い出したのですが、昔、街を歩いていると、3歳くらいの子連れのお母さんがいました。そのとき、子供がオシッコをもらしてしまったようで、大声で泣き出してしまいました。

するとそれに対して、お母さんがこう言ったのです。

「ビービー泣いちゃダメ！　**オシッコしたのは自分でしょう⁉**」


すごいな、と思いました。

オシッコしたのは自分。

そりゃそうです。自分以外に誰がいるのか。


というか、「他人にされたオシッコで泣く」ということってあるんでしょうか。

ある意味「Ａ＝Ａ」みたいな当たり前のことをわざわざ主張するお母さんの論理。

素敵です。

たぶん僕が子供だったら反論できません。

そう思っていると、子供がこう言ったのです。


「ぼくじゃないよ！」

いや、きみだから。

心からそうツッコミました。

この開き直り。僕も見習いたいです。

SUPER METHOD 2

口ゲンカからプラスの結果を生み出す力

ケンカの後に、仲良くなれる？

さて、今やあなたは、反撃術を体得し、日々のストレスは激減したかもしれません。
でも、今のままではちょっと物足りないのではないでしょうか。
イヤな相手を追っ払う。
言うなれば、これはマイナスの状況をゼロに戻した状態でしかないわけです。

これをさらにプラスにもっていくためには、今度はあなたのほうから周囲の人と良好な関係を築いていくアクションが必要になってきます。

では、どうすればいいのか？

それは、**「あなた自身の考えを、相手に誠意を持って伝える」**ということ。
日常生活では、たとえお互いに悪意がなくても、立場や価値観の違いなどから、口ゲンカに発展してしまうことってありますよね？

そんなとき、あなたは相手を傷つけずに自分の考えをきちんと伝えられますか？
これができてこそ、あなたは真の意味で、みんなとうまくやっていくコミュニケーションスキルを身につけた、と言うことができるわけです。

■■まずは、相手の話を受けとめる

言い争いになりそうなとき。
まず、とにかく大切なのは、**相手の話を「聞く」**こと。

多少相手が責め口調でも、**「言われているのは自分だ」という意識をちょっとだけ忘れてみましょう。**

「今の私の職業はインタビュアーなんだ」と思って、相手の言葉をとにかく聞き、

「そっか…」「うんうん…」というように、包んであげてください。

それだけでも相手の気持ちは確実に安らぐはず。

またそうすれば、あなた自身も、相手の主張を可能な限り冷静に聞くことができるはずです。

相手の心に届く伝え方って?

さぁ、相手の話を聞いてあげたら、今度はあなたの番です。

大切なのは、自分の主張を**「僕は○○だと思う」**という形で伝えることです。

開口一番、

「お前は何も分かってないな」

「あなたって、冷たい」

などと、相手を批評したり、断罪する言い方はよくありません。

人間にとって一番ハラが立つのは、

「自分のすべてを分かったように振る舞われること」。

たとえばあなた自身、あなたのことを100％把握しているわけではないでしょう。

というか、

「分かっていない部分や、眠っている才能があって、それが将来華開くかもしれない」

というふうに思えるからこそ、未来にも希望が持てるのではないでしょうか。

そんなときに、あなたではない誰かが、

「あなたのすべてはこうだ！」

と勝手に断言してきたらどうでしょう。

それこそ、よっぽどオカルトなカリスマなどでもない限り、

「勝手にそんなこと言わないでよ！」

と思うはず。

特にその内容がマイナスであったら、その怒りは天を突き破る勢いになるはずです。たとえあなたの言ったことが正しくても、相手はあなたが攻撃を仕掛けてきた、として受け取りません。その後の話に耳を貸そうともしないでしょう。

とにかく、相手を批評するよりも、まずは問題となっている事実について、自分がどう思っているのかを**「感想」**という形で相手に伝えることから始めてみてくださいね。

■「人格」よりも、「行動」を

また、その際には、**「相手の行動」を具体的に取り上げる**ことが重要です。

たとえば、

「もっと優しくしてよ！」

「女らしくしろ！」

という言い方は、相手にとっては何の効果もありません。

それは、「具体的にどうしていいか、分からない」からです。

犬や猫を考えてみてください。

彼らは何かのたびに、

「人を噛《か》んではいけない！」

「エサをこぼしちゃダメ！」

と、一つひとつ言わないと分かりません。


「模範的な犬になれ！」

といった瞬間に「ワン！」と理解できる犬はいないのです。

ていうかいたら怖いです。

本当に伝えたいことは、何？

人間も、実はそれと同じ。

ほら、考えみてください。

相手が「優しくない」と思ったのは、なぜなのでしょうか。

そこには、必ず「ある行動」があったはずです。

たとえば、

「自分が悩みを打ち明けたのに、聞いてくれなかった」ことや、

「メールをしたのに、3日間返ってこなかった」ことなど…。

大事なのは、その行動だけについて述べること。

「悩みを打ち明けたときに、聞いてくれなかったよね。あれ、私は悲しかったんだ」

「メールをしたのに、3日返ってこなかったのが、寂しかった」

このように**「行動」**について話せば、相手はもっとも素直に「そうだったのか！」と分かってくれるのです。

とっても大切、気持ちのフォロー

そして最後に、その言い合いが終わった後に、とにかく**「言い過ぎてごめんね」**という言葉を、絶対に伝えておくこと。

もし「ごめん」なんて全く思っていなくても、そう話すことが大切。

どんなに良い薬でも、いつまでも口に苦みが残っていたら、つい気分が悪くなって吐き出したくなってしまうもの。人間の気持ちも、それと同じです。

「模範的な犬になれ！」

どんな言葉でも、言われたときはつらいもの。
しかし最後に、ふわっと優しい言葉をかけられたら、その後味もやわらかくなります。
するとあなたの言葉は、より相手にすんなりと染みこんでいくものなのです。

もちろんこれはメールでも構いません。
終わった後は、思っていなくても「言い過ぎてごめん」。
覚えておいてくださいね。

かきくけこのスーパーメソッド

よって今回の話をまとめるなら、
「ケンカ」は、良い方法で行えば、確実に二人の関係を強くする!

そのために大切なのは、
「相手の話を聞く!」

「相手の行動について、自分の『感想』のみを話す！」

「その対象は、『行動』！」

そして最後に、「今日は言い過ぎてごめんね」と、言葉かメールで伝えること！

すなわち大切なポイントを並べると、

「か」んそう（感想）
「きく」（聞く）
「ケ」ンカ
「こ」うどう（行動）
「ご」めん（謝り）

これこそが**スーパーメソッド『か行のケンカ』**！
ケンカのときは、「か行」を思い出してくださいね。

SUPER METHOD 3

本当に、周りはあなたの敵ばかり？

過敏になりすぎない！

不当な攻撃をはね返す力を学ぶことは、自分らしくのびのびと過ごすために大切なスキルと言えます。そのために、ここまで長々とあなたにアドバイス申し上げてきたわけです。


でも、それが行き過ぎるとどうなるでしょう？

相手のちょっとした態度や言葉尻ばかりが気になり、

「この人って、あたしを攻撃してる？」

「あいつには反撃しちゃっていいかな」

などと、**周囲の人を過剰に敵視することにもなりかねない**のです。

結局、どんなに頑張って反論したところで、誰だって誰かの悪口を言うのです。あなただって、誰かの悪口を言いたくなるときもあるのではないでしょうか。

ですので、完全に悪口のない、「快適な」環境を目指さないでください。むしろ、他人とのいさかいが全くないほうが不健全なんです。

洗えば完全に菌は消える？

突然ですが、僕は学生のときに手術の実習に入ったことがありました。あのときのことは、今も鮮烈な記憶として残っています。

まず手術の前に、洗浄用のセッケンで、専用のタワシを使ってゴシゴシゴシゴシゴシひたすら洗います。そして洗い終わった後も、どこにも触れないように手を目の前にかざしながら手術室に入ります。

そのときについ壁やドアなどに触れてしまって、やり直しをさせられたことは一度や二度や三度や四度や五度（以下略）ではありません。

最近、外科に進んだ友達と飲んだのですが、彼は居酒屋で「そのテーブルはまだ拭いてません」と言われたときに、ビクッと触れていた手を目の前にかざしていました。あぁ、これって職業病ですか。と思った僕でした。

話が大きくそれましたが、手術前には、このようにかなり厳密に洗浄を行うもの。しかしご存知の方も多いと思うのですが、いくら洗浄をしても、手から細菌が完全に消えてなくなるわけではありません。

ただ単に**「量が減る」**だけなのです。

これは普通に手を洗ったり洗濯をしたりしたときでも同じこと。汚れは落ちているように思えても、実際は小さなレベルでは細菌はちゃんと存在しています。

そう考えると、「洗う」ということは、結局は「薄める」ということに過ぎないのです。

でも当然ですが、生活レベルではそれで十分。

どんな菌でも、数が減れば感染の恐れも格段に減ります。

もし「完全に雑菌を消毒したいんだ！」といって、殺菌薬などを何度も手にかけていたら、手はボロボロになってしまうでしょう。

■「悪口だ」と感じるときは…

これと同様に、実はあなたの気分が悪ければ、それだけで周りに悪口を言われたように感じてしまうこともあります。

「悪口を言われた」と思っても、そういう可能性がないか考えてみてほしいのです。

実はこんな実験があります。

まず被験者たちに、性格テストを受けさせます。

このときに被験者をAとBの半分ずつに分けて、

Aのグループには「あなたのテストの結果は最高です。もう文句のつけどころがないほど素晴らしい性格を持っています」と伝えます。

Bのグループには「あなたのテスト結果は最悪です。文句の付けどころばっかりでした」と伝えます。

何のために？　もちろん目的はとてもシンプル。

Aの人間は「気分を良くし」、Bの人間は「気分を悪くするため」です。

■気分次第で、読む文が変わる！

この「心理テストのウソ結果」を発表された後、被験者たちは4人の人物についての評価を読まされました。

この評価の文には、「温かい」「優秀だ」といった好ましい内容もあれば、「冷たい」「能力がない」といった好ましくない内容もありました。

すると、気分が良くなっているAグループの人間は、主に「好ましい内容」を長い時間をかけて読み、読んだ後も、やはり好ましい内容のほうをよく覚えていました。

そして彼らは総じて、4人の人物に対して、好意的な評価をしたのです。

しかしこれはBグループの人間では全くの逆。

「好ましくない内容」ばかり時間をかけて読み、よく覚え、そして最終的に、「こいつら嫌い」という判断をすることが多かったのです。

■■あなたの気持ちは、どっちに一致？

これらから分かる結論はたった一つ。

それこそが、

「人間は、無意識のうちに自分の感情と『一致』した情報ばかり集めようとする」

ということ。これを**「感情一致効果」**と呼びます。


ここでちょっと、テストをしてみてください。

みなさんは、たとえば今、会社で隣に座っている彼女のことをどう思いますか？

彼女を思い浮かべて次の内容を読んだ後、どの文を覚えていますでしょうか？

彼女はほんわか陽気です。
彼女はかなり頼りになります。
彼女は思いやりがあります。
彼女は真面目です。
彼女は好戦的です。
彼女は意地悪なところがあります。
彼女はちょっと下品です。
彼女は少しうぬぼれが強いです。

これらの文のうち、前半のプラスの情報のほうが記憶に残る人は、現在の自分自身の気持ちがプラス。そして後半のマイナスの情報ばかり覚えているなら、やはりあなた自身の気持ちがマイナスの傾向が強い、ということです。

ただ日本語では、「最後の情報が一番強く気持ちに残る」という法則があります。ですのでマイナスの情報ばかり頭に残っているからといって、そんなに気にはしないでくださいね。

今日の気分はプラス？　マイナス？

ちなみに僕は、「好戦的」という言葉が妙にヒット。「好き」と「戦い」という言葉から、ＳＭチックな女王様のような響きをビンビン感じます。

精神の中が妄想でいっぱいだと、目につく単語もそればっかりという例です。

■■変えるのは、誰なの？

もちろんこの問題は、たとえに過ぎません。

でも、もしかしてもあなたも、普段の生活で常に同じ状況になっているかもしれないのです。

「課長の言葉がカチンとくる…」
「彼女のイヤな面ばかり目につく…」
「彼がメールしてこないのが、すごくイライラしてくる…」

今まではたいして気にしていなかったのに、突然気になり始めたそんな情報。

これは裏を返せば、**「あなた自身の気持ちがマイナスになっている」**ということなのです。

よってそんなとき、

「課長、その言い方はやめてください！」

「そのクセ、直したら!?」

「ねぇ、もっとメールしてよ！」

と、相手の変化を求めるのは、実はスジ違い。


実際、他人の行動や性格が、外からの言葉（それも怒りの言葉）によって変わることはほとんどありえません。

それに万が一相手が改善しても、**あなたの気持ちがイライラしていたら、今度は他のイヤな面が目についてくるはず**です。


大切なのは、何よりまず、**あなた自身が変わること。**

では、いったいどうすればいいのでしょうか？

自分の気持ちをクールダウン

そのためには、とにかく**「自分自身がマイナスの気持ちなんだ」と思い出すことが大事**。

実際に他人にあたり散らす人は、「自分自身がイライラしている」ということすら分かっていないことが意外に多いものです。

まずは言い聞かせることでクールダウンしようとしてみてください。それさえ感じられれば、すでに気持ちは回復に向かって前進。

反撃の虫がウズウズしてきたら、ちょっとだけ立ち止まって自分を見つめ直してみることも大切なのです。

あの曲の、スーパーメソッド

よって今回の話をまとめるなら、

「相手のいい面や悪い面の目につく部分は、自分の気分の状態によって左右される」！

したがって、イライラしてしょうがなくなったら、「とにかくその対象を変えようとするのではなく、『自分自身の気持ち』をリラックスさせようとすることが大切！」

これこそが**スーパーメソッド『エブリシング・イッツ・ユー』**！

あなたが目にする出来事は、全部あなたの気持ちの投影なんですよ。

SUPER METHOD 4

多少のいざこざがあっても、きっと大丈夫！

適度なストレスが望ましい

ストレスが強すぎると、胃潰瘍になる。

これは今のみなさんにとって、常識とも言える知識だと思います。

銀行員の方は、胃潰瘍になったことが会社にバレると、「ストレスに耐え切れない人間だ」と判断されて、出世の道が途絶えてしまうとか。

だから健康保険証を使わずに、自費で診察を受けるそうです。

あぁ…。これこそストレスの二重奏。

それでは、実際にストレスは体に悪いのかを、おサルさんの実験を見ながら考えてみましょう。

これは、アメリカのワシントンで行われた実験です。

スイッチを押す、おサルさん

まずは2匹のサルを用意します。

1匹は「管理職サル」。このままでは味気ないので、「部長」と呼びましょう。

そしてもう1匹が「ヒラのサル」。こちらは「ヒラ」と呼びましょう。


部長とヒラを、それぞれオリに入れます。

そして20秒に1回、ランプを点灯させ、その後に電気ショックを与えます。

すると当然、サルたちは痛がります。


「痛いサルッ!!（サル語）」

慌てる部長とヒラ。

部長「何とかしたまえ、田中くん！」

ヒラ「そんなこと言ったって部長！」

という会話がなされているかは不明ですが、そんなとき、この2匹のサルの目の前にスイッチが置かれているのです。

サルたちは試しにスイッチを押してみます。

すると、部長がスイッチを押したときだけ、2匹とも電気ショックが起こらなくなるのです。そしてヒラがスイッチを押そうが何をしようが、関係はないのです。

そのうち自然に、ヒラは何もしなくなります。

大変なのは部長。

20秒ごとにスイッチを必死に押すようになります。

でも…。

それが、どれだけつらいことか、分かりますか…？

■■部長サルの悲劇

電気ショックは、6時間続けて行われ、そして6時間の休憩があり、また6時間の電気ショック…というようなサイクルで繰り返されます。

試しに5分ほど、「20秒に1回手を叩く」ということをしてみても分かると思いますが、これは想像以上に大変なことです。

なんと部長サルは、20秒に1回ではなく、5、6秒に1回スイッチを押していたそうです。

どれだけ必死の形相でやっていたか…。それだけでも想像できそうな気がしますね…。

とうとう部長は、実験開始から23日目に死んでしまいました。

そして解剖してみたところ、部長の胃には、でっかい潰瘍ができていました。

いっぽう、ヒラの胃には、ほとんど潰瘍はなかったということです。

だからこの実験の結論は、**「ストレスは健康に悪い」**。

だから、必死に働く部長サルになるくらいなら、のほほんと生きているヒラのサルになったほうが、

…って、ちょっと待ったぁ！

なんとストレスの実験は、これだけで終わりではなかったのです。

■■ その実験、ネズミなら…

これに対して、上智大学でも同じような実験が行われました。

こちらで使われたのは、2匹のネズミ。

アメリカがサルなのに日本がネズミなのは、果たして予算の違いなのかは不明です。

こっちでも、管理職ネズミとヒラのネズミの2匹を並べて、同じように電気ショックを与えました。

区別するために、こちらは「課長」と「ヒラ」と呼びましょう。

こちらでも、課長がスイッチを押すと電流を回避できるようにしておきました。

やはりヒラは、何をやっても電流を止めることができない状態。

こちらの実験で違う点は、「電流が200秒おきに流れる」ということです。

すなわち、10倍の余裕があるということ。

そして1日たった後に、また両者を解剖してみました。

すると今度は、ヒラに比べて、課長の潰瘍のほうが小さかったのです。

すなわち、過剰なほどの労働でなければ、「何をやってもダメ」なヒラよりも**「適度なストレスを与えられた」課長のほうが、ストレスは小さい**のです。

実際に、スイッチを押す回数を「200秒に5回」に増やしたときは、課長の潰瘍のほうが大きかったのでした。

快感物質の量が変わる!?

アメリカのミラーは、ネズミを使って同じ実験を行い（やっぱり予算不足だったのかな…）、そしてさらに一歩進めて、脳内の快感物質「ノルエピネフリン」の量を測りました。

すると、うまく電気ショックを避けることのできた課長ネズミのほうが、ヒラのネズミよりも多くの「ノルエピネフリン」を出していたのです。

カンタンに言い換えるなら、

「課長のほうが快感だった!!」ということ。

（…ここだけ読んだ人がいたら、確実に誤解するでしょうね…。）


すなわち、**「適度なストレスは、心を健康にするもの」**なのです。

セクシーな結論。そしてスーパーメソッド

つらいとき…。苦しいとき…。

そんなときにあなたは、「もうイヤだ、こんなところから逃げ出したい！」と思うかもしれません。

でも…。

完全な安楽は、この世に存在しません。

そして万が一存在したとしても、そこでの生活は、「ノルエピネフリンがゼロ」です。

決して気持ちがいいものではありません。

今のストレスがゼロになることを願うのではなく、それが「適度なストレスにな

る」ことを願うべきです。

だからそのためには、**「ストレスを小分けにすること」**。

ネズミに流れる電流のように、誰かに悪口を言われるストレスを、適度な頻度になるよう減らすことだけを考えてください。

完全に電流が流れなくなることを望む必要はないのです。

そして、残った微量の電気については「お互いさま」と大らかに考えてみましょう。

本書のゴールは、決して「相手を打ち負かすこと」ではありません。

「グウの音も出なくしてやった！」

「相手にＹＥＳと言わせた！」

それに夢中になるあまり、大切なことを見失わないでほしいのです。

あなたが、周囲と少しぐらいケンカをしながらも仲良く暮らせる。

それがあなたの人生を一番楽しく、豊かにするものだと僕は思います。

（了）

本書は、すばる舎より刊行された『ことばのゲリラ反撃術』を、文庫収録にあたり、再編集し、改題したものです。

ちょっとだけ・こっそり・素早《すばや》く「言《い》い返《かえ》す」技術《ぎじゅつ》

著者　ゆうきゆう
発行者　押鐘太陽
発行所　株式会社三笠書房
〒102-0072 東京都千代田区飯田橋3-3-1
電話　03-5226-5734(営業部)　03-5226-5731(編集部)
http://www.mikasashobo.co.jp
印刷　誠宏印刷
製本　ナショナル製本

 ISBN978-4-8379-6840-5 C0111

王様文庫

王様文庫

相手の心をさりげなくつかむ！心理術

精神科医・ゆうきゆう

この心理術ですべて思いのまま！ ◎あなたの価値を倍増させる「じらし」術 ◎もう一度会いたいと思わせる「決めゼリフ」 ◎120％相手の心をつかむ「ほめ言葉」のルール ◎思わず試したくなる選り抜き「心理マジック」…etc. 必ず好かれる、イエスと言わせる即効テク24！

アドラー流 人をHappyにする話し方

岩井俊憲

「アドラー心理学」で話すと、もっといい関係に！ ◎「わかってほしい」ときの4つの言い方 ◎使うと「運」まで良くなる言葉 ◎気まずくならない断り方 ◎感謝の気持ちを〝具体的に〟表わす ◎人を勇気づける話し方……相手と「気持ちが通じ合う言葉」実例集！

時間を忘れるほど面白い 人間心理のふしぎがわかる本

清田予紀

なぜ私たちは「隅の席」に座りたがるのか――あの顔、その行動、この言葉に〝ホンネ〟があらわれる！ ◎「握手」をするだけで、相手がここまでわかる◎よく人に道を尋ねられる人の特徴◎いわゆる「ツンデレ」がモテる理由……「深層心理」が見えてくる本！

K30428